外国知识产权法律译丛

美国商标法

杜颖 译

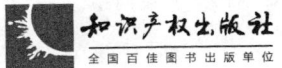

图书在版编目（CIP）数据

美国商标法/杜颖译. —北京：知识产权出版社，2012.2（2019.1重印）（2023.2重印）

（外国知识产权法律译丛）

ISBN 978-7-5130-1003-0

Ⅰ.①美… Ⅱ.①杜… Ⅲ.①商标法—美国 Ⅳ.①D971.23

中国版本图书馆CIP数据核字（2011）第254536号

内容提要

本书为美国商标法最新中文译本。包括第1分章主注册簿、第2分册辅助注册簿、第3分章一般规定、第4分章马德里议定书。

读者范围：知识产权领域从业人员，高等法学院师生。

责任编辑：卢海鹰		**责任校对**：董志英	
装帧设计：卢海鹰		**责任印制**：孙婷婷	
特邀编辑：崔　玲			

外国知识产权法律译丛

美国商标法

MEIGUO SHANGBIAOFA

杜　颖　译

出版发行：	知识产权出版社有限责任公司	网　　址：	http://www.ipph.cn
社　　址：	北京市海淀区气象路50号	邮　　编：	100081
责编电话：	010-82000860 转 8116	责编邮箱：	wangruipu@cnipr.com
发行电话：	010-82000860 转 8101/8102	发行传真：	010-82000893/82005070/82000270
印　　刷：	北京九州迅驰传媒文化有限公司	经　　销：	新华书店、各大网络书店及相关销售网点
开　　本：	880mm×1230mm　1/32	印　　张：	3
版　　次：	2013年1月第1版	印　　次：	2023年2月第3次印刷
字　　数：	600千字	定　　价：	15.00元

ISBN 978-7-5130-1003-0

出版权专有　侵权必究

如有印装质量问题，本社负责调换。

出版说明

知识产权出版社自成立以来一直秉承"为知识产权事业服务、为读者和作者服务、促进社会发展和科技进步"的办社宗旨,竭诚为知识产权领域的行政管理者、高校相关专业师生、法律实务工作者以及社会大众提供最优质的出版服务。

为满足国内学术界、法律实务界对相关国家知识产权法律的了解、学习及研究需求,知识产权出版社组织国内外相关法学知名学者翻译出版了这套"外国知识产权法律译丛",涉及的外国法律主要包括美国、法国、德国、日本等国家的最新专利法、商标法、著作权法。陆续出版的相关法律(中文译本)包括:《外国专利法选译》《日本商标法》《日本著作权法》《法国知识产权法典》《美国专利法》《美国商标法》《美国著作权法》《德国著作权法》《德国商标法》等,其他具有代表性的国家或洲际的知识产权法律中文译本也将适时分别推出。

真诚期待各位读者对我们出版的本套丛书提出宝贵意见。

知识产权出版社

目　　录

第1分章　主注册簿 ································· 1

第 1 条(15 U. S. C. § 1051) 注册申请；宣誓
证实 ·· 1
第 2 条 (15 U. S. C. § 1052) 可以获得主注
册簿注册的商标；并存注册 ················ 6
第 3 条(15 U. S. C. § 1053) 可以获得注册的
服务商标 ································· 9
第 4 条 (15 U. S. C. § 1054) 可以获得注册
的集体商标和证明商标 ···················· 9
第 5 条 (15 U. S. C. § 1055) 相关公司的使
用对商标的注册和有效的影响 ············· 9
第 6 条 (15 U. S. C. § 1056) 声明放弃不能
注册标记的专有使用 ···················· 10
第 7 条 (15 U. S. C. § 1057) 注册证书 ········· 10
第 8 条 (15 U. S. C. § 1058) 商标保护期间、
宣誓书和费用 ··························· 13
第 9 条 (15 U. S. C. § 1059) 注册的续展 ······· 15
第 10 条 (15 U. S. C. § 1060) 转让 ············· 16

第 11 条 (15 U.S.C. § 1061) 认可书和宣誓
书的执行 ·················· 17
第 12 条 (15 U.S.C. § 1062) 公告 ········· 18
第 13 条 (15 U.S.C. § 1063) 商标注册异议 ··· 19
第 14 条 (15 U.S.C. § 1064) 注册商标的撤销 ··· 20
第 15 条 (15 U.S.C. § 1065) 特定条件下商
标使用权的不可争议性 ············ 22
第 16 条 (15 U.S.C. § 1066) 抵触；局长宣告 ····· 23
第 17 条 (15 U.S.C. § 1067) 抵触；异议；
并存注册程序或撤销程序；通知；
商标审判与上诉委员会 ············ 23
第 18 条 (15 U.S.C. § 1068) 专利商标局局
长对抵触申请、注册异议、并存注
册申请或撤销注册申请的处理 ········· 24
第 19 条 (15 U.S.C. § 1069) 有相对人的程
序中衡平原则的适用 ············· 25
第 20 条 (15 U.S.C. § 1070) 不服商标审查
员的决定向商标审判和上诉委员会
上诉 ···················· 25
第 21 条 (15 U.S.C. § 1071) 上诉到法院 ······ 25
第 22 条 (15 U.S.C. § 1072) 注册视为发出
主张所有权的通知 ·············· 28

第 2 分章　辅助注册簿 ·············· 29

第 23 条 (15 U.S.C. § 1091) 辅助注册簿 ······ 29

第 24 条 (15 U.S.C. § 1092) 不做商标注册
异议公告；撤销注册 ················ 30
第 25 条 (15 U.S.C. § 1093) 主注册簿注册
证书与辅助注册簿注册证书相区别 ········ 31
第 26 条 (15 U.S.C. § 1094) 本章规定对辅
助注册簿注册的适用 ················ 31
第 27 条 (15 U.S.C. § 1095) 辅助注册簿注
册不妨碍主注册簿注册 ··············· 32
第 28 条 (15 U.S.C. § 1096) 辅助注册簿注
册不能用于阻止进口 ················ 32

第 3 分章　一般规定 ······················ 33

第 29 条 (15 U.S.C. § 1111) 注册通知；注
册标志；侵权诉讼中利润返还和损
害赔偿 ························· 33
第 30 条 (15 U.S.C. § 1112) 商标和服务的
分类；跨多类商品或服务的注册 ········ 33
第 31 条 (15 U.S.C. § 1113) 费用 ············ 34
第 32 条 (15 U.S.C. § 1114) 救济；侵权；
印刷者和出版者非故意侵权 ············ 34
第 33 条 (15 U.S.C. § 1115) 主注册簿注册
作为商标专有使用权的证据；抗辩 ······· 39
第 34 条 (15 U.S.C. § 1116) 禁令救济 ········ 41
第 35 条 (15 U.S.C. § 1117) 权利侵害救济 ····· 46
第 36 条 (15 U.S.C. § 1118) 销毁侵权物品 ····· 48

第37条（15 U.S.C. § 1119）法院就注册可以行使的权力 …………………… 49

第38条（15 U.S.C. § 1120）错误注册或欺诈注册的民事责任 …………………… 50

第39条（15 U.S.C. § 1121）联邦法院管辖；州或地方规范要求注册商标变更或做不同标识；禁止 …………… 50

第40条（15 U.S.C. § 1122）州、州属机构及州官员的责任 …………………… 50

第41条（15 U.S.C. § 1123）专利商标局程序规则和规定 …………………… 51

第42条（15 U.S.C. § 1124）禁止进口带有侵权商标或名称的商品 …………… 52

第43条（15 U.S.C. § 1125）禁止原产地虚假表示、虚假描述；禁止淡化 ………… 52

第44条（15 U.S.C. § 1126）国际公约 ………… 61

第45条（15 U.S.C. § 1127）解释与定义；本章目的 …………………… 63

第46条（15 U.S.C. § 1128）美国知识产权法实施协调委员会 …………………… 68

第4分章 马德里议定书 …………………… 70

第47条（15 U.S.C. § 1141）定义 ……………… 70

第48条（15 U.S.C. § 1141a）基于美国申请或注册作出的国际申请 …………… 72

第 49 条 (15 U.S.C. § 1141b) 国际申请的认证 ·················· 73

第 50 条 (15 U.S.C. § 1141c) 基础申请或基础注册的限制、放弃、撤销或失效 ······ 73

第 51 条 (15 U.S.C. § 1141d) 国际注册后请求延伸保护 ·················· 74

第 52 条 (15 U.S.C. § 1141e) 根据马德里议定书国际注册商标保护延伸到美国 ······ 74

第 53 条 (15 U.S.C. § 1141f) 请求向美国延伸保护的效力 ·················· 75

第 54 条 (15 U.S.C. § 1141g) 美国延伸保护请求的优先权 ·················· 75

第 55 条 (15 U.S.C. § 1141h) 延伸保护请求的审查与异议;拒绝通知 ·················· 76

第 56 条 (15 U.S.C. § 1141i) 延伸保护的效力 ······ 78

第 57 条 (15 U.S.C. § 1141j) 美国延伸保护附属于国际注册 ·················· 79

第 58 条 (15 U.S.C. § 1141k) 保护期、宣誓书和费用 ·················· 80

第 59 条 (15 U.S.C. § 1141l) 延伸保护的转让 ······ 82

第 60 条 (15 U.S.C. § 1141m) 不可争议性 ······ 82

第 61 条 (15 U.S.C. § 1141n) 延伸保护的权利 ·················· 82

美国商标法❶

第1分章❷ 主注册簿

第1条（15 U.S.C. § 1051） 注册申请；宣誓证实

（a）商标使用的申请

（1）于商业中使用的商标的所有人，可以向专利商标局提出申请和宣誓陈述书，请求在主注册簿上注册其

---

❶ 美国商标法（The Lanham Act 1946）被编入美国法规汇编第15编（Title 15）商业与贸易编（Commerce and Trade）中的第22章（Chapter 22）。在汇编中，条文从15 U.S.C. §1051开始，到15 U.S.C. § 1141n结束，但最后有一条生效日期的规定（15 U.S.C. § 1141 note）。本译文按照从1～61的顺序将条文进行排序，但此排序后面附该条在美国法规汇编中编号方式，以便读者查询英文原文。本译文反映了截至2011年5月美国商标法所作出的修订。

❷ 美国商标法被编入美国法规汇编第15编中的第22章，因此整个商标法构成一章，其构成内容中的每一个大部分构成"分章"。有的译本将本译本中的"分章"设为"章"，不将商标法作为一章，而是作为一部单独的法来看待，例如中华人民共和国国家知识产权局译本即采此种体例，见 http://www.sipo.gov.cn/sipo2008/zcfg/flfg/sb/wgf/200804/t20080403_369293.html。

商标，该申请要缴纳规定的费用，以专利商标局局长规定的形式提出，并需按照专利商标局局长要求的数量提交标记样本或副本。

（2）申请书要记明申请人的住所、国籍、申请人首次使用标记的日期、标记使用的商品以及标记的图样。

（3）陈述书应该经申请人宣誓证实，并指明——

（A）宣誓人相信其或其宣誓所代表的法人是申请注册商标的所有人；

（B）据宣誓人所知，并且宣誓人也确信，申请书中所述事实准确无误；

（C）标记于商业中使用；且

（D）据宣誓人所知，并且宣誓人也确信，没有人有权在其商品之上使用相同或类似标记而可能造成混淆、错误或欺骗；但如果是并存使用的申请，所有申请人都应该——

（i）声明主张排他使用权利的例外情形；且

（ii）在宣誓人知晓的范围内，明确——

（I）任何其他人进行的并存使用；

（II）并存使用的商品类别以及地域；

（III）每一并存使用的期间；以及

（IV）申请人所要设定的注册商品类别和地域范围。

（4）申请人应该遵守专利商标局局长设定的规则和规范要求。专利商标局局长应该发布规则规定申请及申请日期的有关要求。

(b) 意图真实使用商标的申请

(1) 意图于商业中真实使用商标的人，在证明其真实意图后，可以请求在主注册簿上注册其商标。该申请要缴纳规定的费用，以专利商标局局长规定的形式向专利商标局提交申请书和宣誓陈述书。

(2) 申请书要记明申请人的住所、国籍、意图真实使用标记的商品以及标记的图样。

(3) 陈述书应该经申请人宣誓证实，并指明——

(A) 宣誓人相信其或其宣誓所代表的法人有权于商业中使用标记；

(B) 申请人于商业中使用标记的真实意图；

(C) 据宣誓人所知，并且宣誓人也确信，申请书中所述事实准确无误；且

(D) 据宣誓人所知，并且宣誓人也确信，没有人有权在其商品之上使用相同或类似标记而可能造成混淆、错误或欺骗。

但如果是根据本编❶1126条作出的申请，只有申请人满足本条（c）款和（d）款的要求时，才能获得商标注册。

(4) 申请人应该遵守专利商标局局长设定的规则和规范要求。专利商标局局长应该发布规则规定申请及申请日期的有关要求。

---

❶ 本编是指美国法规汇编第 15 编（Title 15）商业与贸易编。

(c) 为符合（a）款的要求而补正（b）款的申请

在专利商标局对本条（b）款的申请进行审查中的任何时间，于商业中已经开始使用商标的申请人，在补正其申请使其符合本条（a）款的要求后，都可以主张使用带来的本章❶规定的利益。

(d) 商标于商业中使用的宣誓陈述书

（1）根据本编1063条（b）（2）的规定，向本条（b）款中的申请人发出许可通知之日起的6个月内，申请人应该向专利商标局提交专利商标局局长要求数量的商业中使用的标记的样本或副本，缴纳规定的费用，标记于商业中使用的宣誓陈述书。陈述书中应指明标记已经于商业中使用、首次于商业中使用的日期、许可通知中确定的标记使用的商品或服务。在使用陈述书经核查并认可后，标记于专利商标局获得注册，应该针对标记可以获得注册的陈述书中列举的商品或服务核发注册证书，注册通知应该在专利商标局发布的公报上公告。核查的内容可以包括本编1052条（a）至（e）规定的事项。注册通知应当明确指出标记注册的商品或服务。

（2）在第（1）项规定的6个月期间届满前，根据申请人提出的书面申请，专利商标局局长可以将第（1）项规定的提交商业使用陈述书的期间再延长6个月。除根据前述规定可以对期间进行延长外，如果申请人能够证

---

❶ 本章是指美国法规汇编第15编（Title 15）商业与贸易编（Commerce and Trade）中的第22章（Chapter 22）商标（Trademarks），因此，本译本中凡提及"本章"之处，意指美国商标法。

明存在正当理由,且在最后一次延长本项规定的期间届满前提出书面申请,专利商标局局长可以再延长提交商业使用陈述书的期间,但累加后的期间不能超过24个月。申请延长本项期间时应同时提交宣誓陈述书,声明申请人仍然意图于商业中真实使用标记,并指明许可通知中确定的继续意图真实使用的标记所标识的商品或服务。根据本项规定申请延长期间的,应该缴纳规定的费用。专利商标局局长发布条例,规范本项规定的正当事由如何认定。

(3) 专利商标局局长应该通知提交使用陈述书的申请人其陈述书是否被接受或被拒绝。如果使用陈述书被拒绝,还应该通知其拒绝的原因。申请人可以对使用陈述书进行补正。

(4) 没有按照第(1)项或第(2)项的规定按时提交宣誓陈述书或者延长期间申请的,将导致申请被放弃,除非向专利商标局局长证明迟延回应不是故意的情况下,提交期间会被延长,但延长的期间不能超过第(1)项和第(2)项规定的提交陈述书的期间。

(e) 指定接受送达的居民

如果申请人在美国没有住所,其可以向专利商标局提交文件,指定商标审查决定或通知应该送达的美国居民的姓名和地址。审查决定或通知可以直接向指定的人当面送达,也可以向最后指定文件中记载的被指定人的地址邮寄审查决定或通知的方式送达。如果找不到最后一次提交的指定文件中被指定的人,或者申请人没有向专利商标局提交文件指定商标审查决定或通知应该送达的美国居民的姓名和地址的，审查决定或通知应该送达给专利商标局局长。

第 2 条（15 U.S.C. § 1052） 可以获得主注册簿注册的商标；并存注册

能够将申请人的商品与其他人的商品区别开来的商标，都能够在主注册簿上获得注册，而不论标记的性质如何，除非商标——

（a）包含不道德的、欺骗性的或毁誉性的事物或由其构成；包含贬损生存或死亡的自然人、机构、信仰、国家象征的事物或由其构成，或不当暗示与生存或死亡的自然人、机构、信仰、国家象征有某种联系，或使其受辱、名誉受损；或者包含地理标志或由其构成，该地理标志用于葡萄酒或烈性酒之上反映的不是商品的真实原产地，且在世界贸易组织协定（根据第 19 编 3501 条（9）的定义确定）在美国生效 1 年之日或其后，申请人才首次在葡萄酒或烈性酒上使用的。

（b）包含美国、美国的州、市、其他国家的国旗、徽章或其他证章或摹仿这些标志的事物或由其构成。

（c）包含在世自然人的名字、肖像或签名或由其构成，或者已故美国总统有遗孀的，在该遗孀在世时，包含已故美国总统的名字、签名或肖像或由其构成的，但在世自然人或已故美国总统遗孀作出书面同意的除外。

（d）包含与专利商标局已经注册的标记、与他人于美国在先使用并尚未抛弃的标记或商号相似的标记或由其构成,将标记用于申请人的商品之上可能会造成混淆、错误或欺骗的。但是,如果专利商标局局长认为,两个以上的主体根据特定条件或限制,以某种方式或在一定地域于商品之上继续使用同一或类似标记不会造成混淆、错误或欺骗的,专利商标局就可以向因下列日期前于商业中合法并存使用标记而有权使用该标记的主体作出并存注册:

(1) 未决申请中最早提出申请的申请日或依据本章最早进行注册的注册日;

(2) 如果是根据1881年3月3日的商标法或1905年2月20日的商标法已经获得注册的,且在1947年7月5日仍然有效,则是1947年7月5日;

(3) 如果是根据1905年2月20日的商标法提出申请,在1947年7月5日后获得注册的,则是1947年7月5日。已经获得商标申请或商标注册的商标所有人同意授予其他申请人并存注册的,不要求在未决申请提交日之前或注册之前使用标记。当有管辖权的法院最终裁决一个以上的主体有权在商业中使用相同或类似的标记的,专利商标局局长也可以作出并存注册。在作出并存注册时,专利商标局局长应该就不同的主体以什么方式或在什么地域使用标记、或在哪些商品上使用标记分别规定条件和限制。

(e) 由下列标志构成:

(1) 用于申请人的商品之上或与商品相关的标记使

用仅仅具有描述商品的意义，或欺骗性描述商品；

（2）用于申请人的商品之上或与商品相关的标记使用主要描述了商品的产地，而不属于本编1054条可以作为原产地标记进行注册的情形；

（3）用于申请人的商品之上或与商品相关的标记使用主要是地理欺骗性描述商品；

（4）主要以纯粹姓氏意义存在；或

（5）由整体具有功能性的事物构成的。

（f）除本款（a）、（b）、（c）、（d）、（e）(3) 以及（e）(5) 明确规定排除的，本章的任何规定，都不能阻止显著标识申请人、经营商品的申请人已经使用的标记获得注册。如果能够证明，申请人在主张标记已经获得显著性之日前，已经在其经营的商品上基本进行排他且连续使用标记5年的，或进行与其商品相关使用的，专利商标局局长可以将其视为初步证据，证明标记已经具有显著性。如果申请人在商品上使用标记或者进行与商品相关的使用，主要具有地理欺骗性描述意义，但在1993年12月8日前，对于申请人经营的商品标记已经获得显著性，则本款规定不能阻止标记的注册。

根据本编1125条（c）的规定，标记因冲淡或污损而有造成淡化可能的，可以根据本编1063条规定的程序驳回注册申请。根据本编1125条（c）的规定，已经注册的标记因冲淡或污损而有造成淡化可能的，可以根据本编1064条或1092条规定的程序撤销注册。

第 3 条（15 U.S.C. § 1053） 可以获得注册的服务商标

商品商标注册的规定，只要能够适用，就同样适用于对服务商标的注册，服务商标注册的方式和效果与商品商标相同；一旦注册，服务商标获得的保护与本章规定的对商品商标提供的保护相同。本条规定的申请与程序应尽可能与商品商标的注册规定相近。

第 4 条（15 U.S.C. § 1054） 可以获得注册的集体商标和证明商标

商品商标的注册规定，只要能够适用，就同样适用于对集体商标和证明商标（包括原产地标志）的注册，自然人、国家、州、自治地区或类似组织可以与商品商标同样的方式和效果对寻求注册的标记行使法律控制权利，不论其是否拥有工商业经营实体；集体商标和证明商标一旦获得注册，就享有和本章对于商品商标提供的同样的保护，但使用证明商标会错误地标示商品的制造者、销售者或服务提供者所提供的商品或服务除外。本条规定的申请或程序应尽可能与商品商标的注册规定相近。

第 5 条（15 U.S.C. § 1055） 相关公司的使用对商标的注册和有效的影响

已经注册或申请注册的标记被或可能被相关公司合法使用的，其使用对注册人或注册申请人的权益有利，只要标记不以欺骗公众的方式使用,其使用就不影响标记的注册和有效。如果标记的最先使用者是注册人或者注册申请人在商品或服务的性质及质量方面能够控制的主体,则根据具体情况,该最先使用对注册人或注册申请人的权益有利。

第 6 条 (15 U.S.C. § 1056)　声明放弃不能注册标记的专有使用

（a）强制或自愿声明放弃

如果剔除标记中不能注册的部分标记就可以获得注册的,专利商标局局长可以要求申请人放弃该组成部分的专用权。申请人也可以自愿提出声明,放弃申请注册标记中不能注册部分的专有权。

（b）权利损害

放弃专用权的声明（包括本编1057条（e）规定的情况）,不得损害或影响申请人或注册人在声明之时已经就声明事物所享有的权利或其后获得的权利;如果声明放弃专用权的标记能够或者已经能够识别申请人的商品或服务的,放弃专用权的声明也不损害或影响申请人在另一个申请中的权利。

第 7 条 (15 U.S.C. § 1057)　注册证书

（a）注册证书的核发和格式

主注册簿上注册的商标的注册证书应该以美国之名

义发出，盖美国专利商标局章，由专利商标局局长签名或盖有局长签章，并在美国专利商标局存档。注册要复制商标图样，表明标记根据本章规定在主注册簿上获得注册、标记最先使用的日期、标记最先于商业中使用的日期、注册使用的商品或服务、注册号和日期、保护期间、美国专利商标局收到注册申请的日期以及注册中设定的任何条件或限制。

(b) 注册证书作为初步证据

依据本章规定出具的标记在主注册簿上注册的注册证书，是依据证书上记明的条件和限制，注册商标有效且获得注册的初步证据，也是所有人拥有标记、所有人有权在证书中记明的商品或服务中商业使用标记或进行相关使用的专有权利的初步证据。

(c) 商标注册申请视为使用标记

根据本章规定在主注册簿上注册标记的，提出标记的注册申请就构成标记的推定使用，在注册的商品或服务上使用标记或进行相关使用产生全国范围的优先权利，可以对抗其他任何主体，但在申请提出之前，符合下列条件的尚未抛弃标记的主体除外：

(1) 已经使用标记；

(2) 已经提出注册标记的申请但未决或已经获得商标注册；或

(3) 根据国外商标注册申请已经取得优先权，并根据本编 1126 条（d）的规定按时提出申请，申请未决或已经获得商标注册的。

(d) 向受让人核发注册证书

商标注册证书可以向申请人的受让人核发，但转让必须首先在美国专利商标局备案。商标所有权发生变更的，在商标所有人提出请求并证明变更事实且缴纳规定的费用后，专利商标局局长应该向受让人核发新的注册证书，新证书的权利人为受让人，权利保护期间为原来保护期的剩余期间。

(e) 商标注册的注销或修正

经商标所有人申请，专利商标局局长可以允许其注销商标注册；注销后，应该对专利商标局的注册记录事项作出适当调整。经商标所有人申请并缴纳规定的费用，专利商标局局长认为理由正当的，可以允许其对注册作出修正或放弃部分专用权，但修正或声明放弃部分专用权不能实质上改变标记的特征。修正或放弃部分专用权后，美国专利商标局的注册记录事项以及注册证书都应该作出相应的调整。

(f) 美国专利商标局记录的复制件可以作为证据

美国专利商标局所有的有关标记的任何记录、账册、文件或图样的复制件或注册的复制件，经美国专利商标局签章认证且经局长证明或局长按规定指定的局里的工作人员以其名义证明的，应该在任何情况下具有和原件同样的证据效力；任何人在提出申请并缴纳规定的费用后都可以获得这些复制件。

(g) 更正美国专利商标局的错误

一旦美国专利商标局的记录明确显示因专利商标局

自己的原因导致注册中出现了重大错误，专利商标局应立即免费发出记载该事实和错误性质的证书，并应作出记录，将每一注册复制件上都附加一份更正证书的复制件。更正的注册此后具有视同注册最初即以更正形式作出的同样的效力。专利商标局局长也可以自己决定免费核发一份新的注册证书。所有更正证书以美国专利商标局规定的规则发出，更正证书相关的注册具有视同证书及其核发是由制定法特别授权的同等效力。

（h）更正商标申请人的错误

一旦发现因为申请人的善意过失导致商标注册中出现了错误，在申请人缴纳规定的费用后，专利商标局局长有权发出更正证书或由其决定核发新的注册证书，但如果更正涉及必须再次公告注册登记事项的除外。

第8条（15 U.S.C. § 1058） 商标保护期间、宣誓书和费用

（a）要求提交宣誓书的期间

如果商标注册没有被专利商标局局长撤销，则其注册有效期为10年，但商标注册人应该在下述期间内向专利商标局提交符合（b）款条件的宣誓书：

（1）从本章注册日或本编1062条（c）规定的公告之日起算满6年之前的1年期间内；

（2）从注册之日起算满10年之前的1年期间内，且在接下来注册之日起算的每个10年期间届满前的1年期间内；

（3）商标所有人可以在本款第（1）项和第（2）项规定期间届满后的6个月宽展期内提交本款规定的宣誓书，并缴纳（b）款规定的费用以及专利商标局局长规定的宽展期附加费用。

(b) 宣誓书的要求

（a）款中的宣誓书应——

（1）（A）指明标记于商业中使用；

（B）确定在注册中记明的商业使用标记的商品或服务；

（C）一并提交专利商标局局长规定数量的商业中使用的标记的样本或副本；以及

（D）一并缴纳专利商标局局长规定的费用。或

（2）（A）确定在注册中记明的商业中未使用标记的商品或服务；

（B）包含一份证明，表明不使用是基于有正当理由的特殊情况，而不是意图放弃商标；以及

（C）一并缴纳专利商标局局长规定的费用。

(c) 有缺陷的宣誓书

如果在规定期间内提交的（a）规定的宣誓书有缺陷（包括宣誓书没有以商标注册人的名义提出），申请人可以在法定期间结束后、补正通知规定的期间内作出修正。补正需要缴纳专利商标局局长规定的额外需要缴纳的补正费用。

(d) 要求的通知

关于宣誓书的要求应该附在每一注册证书以及本编

1062条（c）规定的公告通知之中，作为特别通知。

（e）接受或驳回宣誓书的通知

专利商标局局长应该通知提交本条规定的宣誓书的商标注册人是否接受或驳回其宣誓书，如果驳回宣誓书，还需要通知其原因。

（f）指定接受送达的居民

如果商标注册人在美国没有住所，其可以向专利商标局提交文件，指定商标审查决定或通知应该送达的美国居民的姓名和地址。审查决定或通知可以直接向指定的人当面送达，也可以以向最后指定文件中记载的被指定人的地址邮寄审查决定或通知的方式送达。如果找不到最后一次提交的指定文件中被指定的人，或者商标注册人没有向专利商标局提交文件指定审查决定或通知应该送达的美国居民的姓名和地址的，审查决定或通知应该送达给专利商标局局长。

第9条（15 U.S.C. § 1059） 注册的续展

（a）续展的期间；续展的时间

根据本编1058条的规定，在缴纳规定的费用、以专利商标局局长规定的形式提交书面申请后，每一注册可以在注册之日起连续满10年之日起再续展保护10年。续展申请可以在每个连续10年期满前的1年内提出，也可以在缴纳续展费和额外的宽展费的条件下，在每个10年期满后的6个月内提出。如果续展申请有缺陷，在缴纳额外补正费用后，申请人可以在补正通知规定的期间内补正申请。

(b) 拒绝续展的通知

如果专利商标局局长拒绝注册续展，她/他应该通知注册人并陈明理由。

(c) 指定接受送达的居民

如果注册人在美国没有住所，其可以向专利商标局提交文件，指定审查决定或通知应该送达的美国居民的姓名和地址。审查决定或通知可以直接向指定的人当面送达，也可以以向最后指定文件中记载的被指定人的地址邮寄审查决定或通知的方式送达。如果找不到最后一次提交的指定文件中被指定的人，或者注册人没有向专利商标局提交文件指定审查决定或通知应该送达的美国居民的姓名和地址的，审查决定或通知应该送达给专利商标局局长。

第 10 条（15 U. S. C. § 1060） 转让

(a)(1) 已经注册的商标或者已经申请注册的商标，可以和使用标记的经营商誉一起，或者和与标记使用或标识那部分经营商誉一起转让。尽管有前句的规定，在完成本编 1051 条（c）规定的补正以使申请符合本编 1051 条（a）的规定之前，或者在提交本编 1051 条（d）规定的商标于商业中使用的宣誓陈述书之前，根据本编 1051 条（b）作出的注册商标申请不能转让，除非是向申请人营业的继受者或部分继受者转让，且转让后营业继续存续。

（2）本条允许进行的转让，不必包括与经营中使用的任何其他标记所使用或所标识的经营商誉，也不必包括经营中使用的商业名称或经营风格。

（3）转让应以书面文件形式进行，并做适当签名。认可书应该是实施转让的初步证据，在专利商标局备案规定的信息的，备案记录是实施转让的初步证据。

（4）未经通知，转让不得对抗已经支付有益对价的后续受让人，除非自转让之日起或后续转让前的 3 个月内，备案转让的相关信息已经在专利商标局做了备案记录。

（5）美国专利商标局应该以专利商标局局长规定的方式保存转让信息的备案记录。

（b）如果受让人在美国没有住所，其可以向美国专利商标局提交文件，指定有关商标的程序决定或通知应该送达的美国居民的姓名和地址。程序决定或通知可以直接向指定的人当面送达，也可以以向最后指定文件中记载的被指定人的地址邮寄审查决定或通知的方式送达。如果找不到最后一次提交的指定文件中被指定的人，或者受让人没有向专利商标局提交文件指定程序决定或通知应该送达的美国居民的姓名和地址的，程序决定或通知应该送达给专利商标局局长。

第 11 条（15 U. S. C. § 1061） 认可书和宣誓书的执行

本章要求的认可书和宣誓书可以在任何有权于美国境内监督宣誓之人那里执行；如果是在境外执行的，则应该于美国外交官、领事官那里，或持美国外交官、领事官颁发的证书授权其在该外国监督宣誓之人那里执行，或由该外国指定的官员依照其所在国家的法律规定作出认证，而条约或公约的规定赋予其与美国指定的官员进行的认证以同样的效力。

第 12 条（15 U.S.C. § 1062） 公告

（a）审查与公告

收到商标注册申请和规定的费用后，专利商标局局长应该将申请转给负责商标注册的审查员进行审查，如果经审查认为申请人有权获得商标注册，或在提交本编1051条（d）规定的声明使用的宣誓书并获得认可后，申请人有权获得商标注册的，专利商标局局长应该在专利商标局公报上对注册商标进行公告。但是，如果申请人主张并存使用，或属于本编1066条规定的抵触申请的，如果满足其他注册条件，则可以根据相关程序确定的当事人的权利进行公告。

（b）驳回注册申请；补正申请；放弃申请

如果申请人无权获得注册，审查员应该通知申请人及原因。申请人应该在6个月内作出答复，或者可以补正其申请而进行再次审查。此程序可以重复，直到（1）审查员最终驳回商标注册申请；或（2）申请人没有在6个月期间内作出答复或补正申请或上诉，在这种情况下，申请视为放弃，除非申请人已经向专利商标局局长证明迟延非出于故意，在此情况下，期间可以延长。

(c) 根据旧法注册的商标的公告

根据 1881 年 3 月 3 日或 1905 年 2 月 20 日的商标法注册的商标，在其保护期届满前的任何时间，注册人都可以缴纳规定的费用，向专利商标局局长提交宣誓书列明于商业中使用商标的商品，主张本章规定的商标权益。专利商标局局长应该在官方公报上公告通知，并附上商标的复制件，通知注册人该公告以及要求其提供本编 1058 条规定的使用宣誓书或不使用宣誓书。根据本款规定公告的商标不受本编 1063 条的规范。

第 13 条（15 U.S.C. § 1063） 商标注册异议

（a）认为标记在主注册簿上注册会损害其权益的主体（包括本编 1125 条（c）规定的因冲淡或污损而可能造成淡化的情况），可以缴纳规定的费用，在本编 1062 条（a）规定的商标公告之日起 30 日内，向专利商标局提出异议，申明其主张根据。在该 30 日期间届满前，专利商标局局长认为有正当理由的，经申请人提出书面请求，可以再延长异议期 30 天。专利商标局局长应该通知异议申请人每一次延长期间的情况。异议可以根据专利商标局局长规定的条件进行补正。

（b）除非商标注册异议成立，否则——

（1）商标要求根据本编 1051 条（a）或 1126 条的规定在专利商标局的主注册簿上获得注册，应该核发注册证书，并在专利商标局公报上对注册进行公告；或者

（2）如果申请人根据本编 1051 条（b）申请注册的，

应该向申请人发出认可其申请的通知。

第 14 条（15 U.S.C. § 1064） *注册商标的撤销*

认为其权益会受到损害的主体（包括本编 1125 条（c）规定的因冲淡或污损而有可能造成淡化的情况），可以缴纳规定的费用，在本编 1062 条（a）规定的商标公告之日起 30 日内，向专利商标局提出异议，申明其主张根据。认为标记根据本章规定、1881 年 3 月 3 日或 1905 年 2 月 20 日商标法的规定在主注册簿上注册，损害或会损害其权益的任何主体，都可以根据下述条件，向专利商标局提出申请撤销商标注册，申明理由并缴纳规定的费用：

（1）自本章规定的注册之日起 5 年内；

（2）自本编 1062 条（c）规定中根据 1881 年 3 月 3 日或 1905 年 2 月 20 日的商标法注册的商标公告之日起 5 年内；

（3）如果是因为下列事由提出撤销商标注册的，则任何时间都可提出撤销申请：注册商标相对于其注册的商品或服务乃至部分商品或服务沦为属名❶、或具有功能性、或被抛弃，或者通过欺骗的手段获得注册，或者注册违反本编 1054 条、1052 条（a）、(b)、(c) 中的任何规

---

❶ "属名"在我国商标法中为"通用名称"。但在我国学者研究和知识产权文献中，"属名"一词经常被用于指代美国商标法律制度中的同一概念。

定，或者违反旧法的禁止性规定，或者注册人或其授权使用注册商标或对商标进行的相关使用错误地陈述商品或服务来源的。如果商标仅对注册使用的商品或服务的部分而非全部沦为属名，则申请撤销注册也只能针对该部分商品或服务。只有在标记同时用于表示特定产品或服务本身时，注册商标才被认为是沦为属名。注册商标对于相关公众的主要意义是确定注册商标对于其使用或相关使用的商品或服务是否沦为属名的依据，而不考虑购买者的动机。

(4) 如果撤销针对的商标是根据 1881 年 3 月 3 日或 1905 年 2 月 20 日的商标法注册的，但没有根据本编 1062 条 (c) 的规定进行公告，则任何时间都可以提出撤销申请。

(5) 如果撤销针对的商标是证明商标，撤销理由属于下列事项之一的，则任何时间都可以提出撤销申请：(A) 注册人不控制或不能合法控制商标的使用；或者 (B) 注册人从事证明商标使用的标记的商品或服务的生产或经营的；或者 (C) 注册人允许为证明以外的目的使用证明商标的；或者 (D) 注册人有差别地拒绝给予符合证明商标使用条件或标准的主体提供证明或拒绝给其继续提供证明。

但是，联邦贸易委员会也可以根据本条规定第 (3) 项和第 (5) 项，申请撤销本章规定的主注册簿上注册的商标注册，不需要缴纳规定的费用。

第 (5) 项的规定不能解释为禁止注册人将证明商标

用于为证明项目做广告或做推行活动,也不能禁止其将证明商标用于为符合证明条件和标准的商品做广告或促销活动。只要注册人自己不生产、制造或销售证明的商品或服务,证明商标的使用就不构成第(5)项规定的撤销事由。

第 15 条(15 U.S.C. § 1065) 特定条件下商标使用权的不可争议性

自注册之日起,商标注册人在注册的商品或服务上使用注册商标或做相关使用已经连续满 5 年,并仍在商业中使用,且符合下列条件的,商标权人的商标使用权即获得不可争议性,但存在本编 1064 条第(3)项和第(5)项规定的任何时间均可以申请撤销商标注册事由的除外;同时,在本章规定的商标注册之日前就已经开始持续使用标记或商号,而按照州或某地区的法律据此取得了有效权利,使用主注册簿上注册的商标会侵害该权利的除外。

(1)没有确定裁决与商标注册人就商品或服务之上的标记所有权主张相冲突,或者与商标注册人注册或在注册簿上保有相同的标记相冲突;

(2)没有与所称权利相关的程序在美国专利商标局或法院尚处于未决状态,没有作出最后决定;

(3)在商标连续使用满 5 年后的 1 年期间内,商标所有人向专利商标局局长提交宣誓书,陈明商标使用的或与商标使用相关的商品或服务,表明仍然在商业中进行商标使用以及本条第 1 项和第 2 项规定的其他事项；

（4）注册商标对于商标注册使用的商品或服务而言或者其中的部分商品或服务而言沦为属名的，该商标不能获得不可争议性。

根据 1881 年 3 月 3 日或 1905 年 2 月 20 日的商标法注册的商标，如符合本款上述规定的，在本编 1062 条 (c) 规定的商标公告之日起 5 年期间届满后的 1 年内，向专利商标局局长提交宣誓书的，应该获得本章规定的商标不可争议的权利。

局长应该通知提交上述宣誓书的注册人有关提交宣誓书的情况。

第 16 条 (15 U.S.C. § 1066)　抵触；局长宣告

当申请注册的商标与已经注册的商标或与他人已经提出注册申请的商标如此近似，以致在相关商品或服务上使用标记或者做相关使用可能会导致混淆、错误或欺骗的，经提出的申请证明存在特殊情况，专利商标局局长可以宣告申请存在抵触。但申请与已经获得不可争议权利的注册商标不存在抵触。

第 17 条 (15 U.S.C. § 1067)　抵触；异议；并存注册程序或撤销程序；通知；商标审判与上诉委员会

（a）存在抵触申请、商标注册异议、商标合法并存使用人申请注册或申请撤销商标注册的,专利商标局局长应该向所有当事人发出通知,并指导商标审判与上诉委员会决定注册的相关权利。

(b) 商标审判与上诉委员会的成员应该包括美国专利商标局局长、副局长,专利局局长、商标局局长以及商务部部长会商美国专利商标局局长指定的商标行政法官。

(c) 部长的权限

商务部部长可以根据其判断决定任命一名商标行政法官,于 2008 年 8 月 12 日前由专利商标局局长任命后,该职位于专利商标局局长首次任命商标行政法官后开始行使职权。

(d) 任命异议的抗辩

因为专利商标局局长任命的商标行政法官原来已经被任命过,而有人对任命提出异议的,该法官是事实上行使职权的官员可以作为抗辩事由。

第 18 条（15 U.S.C. § 1068） 专利商标局局长对抵触申请、注册异议、并存注册申请或撤销注册申请的处理

专利商标局局长根据这些程序中确定的当事人的权利,可以作出驳回被提出异议的商标的注册申请、撤销全部或部分注册、通过限制商品或服务的类别而修改注册申请、限制或纠正主注册簿上的商标注册、驳回全部

或部分抵触标记的注册申请或者将商标注册给有权获得商标注册的主体（们）。但是，如果是基于并存使用提出的注册申请，专利商标局局长应该确定本编 1052 条（d）规定的条件和限制。但在商标进行注册之前，不能根据本编 1051 条（b）的规定作出对申请人有利的任何确定判决，除非申请人根据本编 1057 条（c）的规定构成推定使用。

第 19 条（15 U. S. C. § 1069） 有相对人的程序中衡平原则的适用

在有相对人的程序中，如果能够适用时效、禁止反言和默认等衡平原则的，都应该予以考虑和适用。

第 20 条（15 U. S. C. § 1070） 不服商标审查员的决定向商标审判和上诉委员会上诉

对商标注册审查的商标审查员作出的任何最终决定，都可以向商标审判和上诉委员会提起上诉，但要缴纳规定的费用。

第 21 条（15 U. S. C. § 1071） 上诉到法院

（a）有权提起上诉的主体；美国联邦巡回上诉法院；放弃民事诉讼；对方当事人选择民事诉讼；程序

（1）注册申请人、抵触程序当事人、异议程序当事人、合法并存使用注册申请的当事人、撤销程序的当事人、根据本编1058条或1141k条的规定提交宣誓书的注册人、商标保护期续展的申请人，不服专利商标局局长或商标审判和上诉委员会的决定的，可以向美国联邦巡回上诉法院提出上诉，并由此放弃进行本条（b）款规定的程序的权利。但是，在申请人根据本条第（2）项的规定提交上诉通知的20天内，程序对方当事人而非专利商标局局长选择进行本条（b）款规定的程序的，该上诉应该被驳回。此后，申请人要在30天的期间内提起本条（b）款规定的民事诉讼，否则被上诉的决定将约束嗣后进行的程序。

（2）上诉到美国联邦巡回上诉法院的，申请人应该以向专利商标局局长发出的方式于美国专利商标局提交书面上诉通知，该通知的发出期间为被上诉决定作出之日起不少于60日的由专利商标局局长指定的期间。

（3）专利商标局局长应该向美国联邦巡回上诉法院移交经其签署的美国专利商标局备案记录材料的清单。在案件审理过程中，法院可以要求专利商标局局长转交该清单中所列文件的原件或认证的复制件。在只有一方当事人的案件中，专利商标局局长应该向法院提交一份简短说明，针对上诉争议中的焦点问题阐明美国专利商标局作出决定的根据。法院在进行上诉审之前，应该通知专利商标局局长审理的时间、地点以及上诉当事人。

（4）美国联邦巡回上诉法院应该对上诉针对的专利商标局决定的备案记录进行审查。法院作出决定后，要将其命令和意见发送专利商标局局长,并于专利商标局备案记录,约束该案嗣后进行的程序。但是,在商标进行注册之前,不能根据本编1051条(b)的规定作出对申请人有利的任何确定判决,除非申请人根据本编1057条(c)的规定构成推定使用。

(b)民事诉讼;适格主体;法院管辖;专利商标局局长的地位;程序

(1)不服专利商标局局长或商标审判和上诉委员会的决定而有权上诉到美国联邦巡回上诉法院的本条(a)款规定的主体,在决定作出后不少于60天的专利商标局局长指定或本条(a)款规定的期间内提出民事诉讼救济。法院根据事实可以裁判申请人有权获得注册、撤销注册或针对诉讼争议问题作出其他裁判。在遵守法律规定要求的前提下,该裁判应该授权专利商标局局长采取必要的行动。但在商标进行注册之前,不能根据本编1051条(b)的规定作出对申请人有利的任何确定判决,除非申请人根据本编1057条(c)的规定构成推定使用。

(2)专利商标局局长不作为本款规定的有相对人的程序中的一方当事人,但是接受起诉的法院的书记官应该通知其起诉之情事,专利商标局局长有权参加诉讼。

(3)在没有相对方的案件中,起诉书副本应该送达专利商标局局长。程序的所有费用由提起诉讼的当事人承担,不论最终确定判决中该当事人是否胜诉,除非法院认定费用不合理。在根据此项规定提起的诉讼中,经当事人申请,按照法院设定的成本、费用负担条件,经交叉询问证人，应该认可美国专利商标局备案记录作为证据，且不妨碍任何当事人进一步提供证据。美国专利商标局备案记录中的证据和证物一旦在诉讼中被采信，视同初次在诉讼中提取和出示，具有相同的效力。

（4）如果是有相对人的诉讼，诉讼可以针对美国专利商标局备案记录中所显示的决定作出之时的利害关系人提起，但任何利害关系人都可以成为诉讼当事人。如果相对人分散居住在不同州的多个地区，或者居住在外国的，美国联邦地区法院哥伦比亚地区法院具有管辖权，该法院可以要求相对人居住地区的执行官向该相对人送达传票。传票发给居住在外国的相对人的，可以采取公告送达或法院指定的其他方式送达。

第22条（15 U.S.C. § 1072） 注册视为发出主张所有权的通知

根据本章、1881年3月30日或1905年2月20日商标法的规定，在主注册簿上注册商标，视为注册人发出了主张所有权的通知。

第 2 分章　辅助注册簿

第 23 条（15 U.S.C. § 1091）　辅助注册簿

（a）可以获得辅助注册簿注册的标记

除主注册簿外，专利商标局局长应该保持辅助注册簿注册，其法律依据为 1920 年 3 月 19 日题名为《为实施 1910 年 8 月 20 日在阿根廷共和国布宜诺斯艾利斯市制定并签署之保护商标及商号公约的规定及其他目的之法案》中第 1 条（b）项的规定。在缴纳规定的费用，并在可以适用 1051 条（a）和（b）规定时符合这两款规定的情况下，所有于商业中合法使用并在用于注册指定的商品或服务或做相关使用时能够标识申请人商品或服务的标记，不能在本章规定的主注册簿上获得注册的，都可以在辅助注册簿上获得注册，除非根据本编 1052 条（a）、（b）、（c）、（d）以及（e）（3）的规定不能获得注册。商标所有人自 1993 年 12 月 8 日之前就于商业中在指定商品或服务上使用标记或做相关使用，该标记能够标识申请人的商品或服务，但该标记属于本编 1052 条（e）（3）规定的不能获得注册的标记而无法在本章规定的主注册簿上注册的，本条规定不能妨碍其在辅助注册簿上进行注册。

(b) 辅助注册簿的注册申请与注册程序

在收到辅助注册簿的注册申请和规定的费用后，专利商标局局长应该将其转给负责审查商标注册的审查员进行审查，如果审查后认为申请人有权获得注册，则应该核准注册。如果审查发现申请人无权获得注册，则适用本编1062条（b）的规定。

(c) 商标的种类

在辅助注册簿上注册的标记可以是商标、符号、标签、包装、商品外形、名字、文字、标语、短句、姓氏、地理名称、数字、图案等整体上不具有功能性的事物组成的，或上述要素的组合，但标记本身必须能够区分申请人的商品或服务。

第24条 （15 U.S.C. § 1092） 不做商标注册异议公告；撤销注册

辅助注册簿上的标记不进行商标异议公告，但是应该在专利商标局公报上进行公告。当有主体认为，在辅助注册簿上注册商标损害其权利或将会损害其权利的——

（1）辅助注册在该主体的商标成为驰名商标后提出有效申请，有可能导致本编1125条（c）规定的冲淡或污损导致的淡化的；或

（2）基于冲淡或污损导致淡化之外的其他理由，在任何时间，该主体都可以缴纳规定的费用，向专利商标局局长提出申请，陈明理由，要求撤销注册。

专利商标局局长应该将该撤销注册申请转给商标审判与上诉委员会，该委员会应该通知注册人。委员会在审理后认为注册人无权获得注册的，或商标已经被抛弃的，专利商标局局长应该撤销商标注册。但在商标进行注册之前，不能根据本编 1051 条（b）的规定作出对申请人有利的任何确定判决，除非申请人根据本编 1057 条（c）的规定构成推定使用。

第 25 条（15 U. S. C. § 1093） 主注册簿注册证书与辅助注册簿注册证书相区别

辅助注册簿上注册的商标的注册证书，应该与主注册簿上注册的商标的注册证书有显著区别。

第 26 条（15 U. S. C. § 1094） 本章规定对辅助注册簿注册的适用

在可适用的范围内，本章规定同时规范辅助注册簿和主注册簿的注册申请和注册程序，但是辅助注册簿上的申请和注册不受本编 1051 条（b）、1052 条（e）、1052 条（f）、1057 条（b）、1057 条（c）、1062 条（a）、1063 条至 1068 条、1072 条、1115 条以及 1124 条规定的约束，也不能主张这些条款中规定的利益。

第 27 条（15 U.S.C. § 1095） 辅助注册簿注册不妨碍主注册簿注册

根据 1920 年 3 月 19 日的法律进行的商标注册或在辅助注册簿上进行的商标注册，不妨碍注册人根据本章规定做主注册簿注册。辅助注册簿注册并不构成承认商标没有获得显著性。

第 28 条（15 U.S.C. § 1096） 辅助注册簿注册不能用于阻止进口

根据 1920 年 3 月 19 日的法律进行的商标注册或在辅助注册簿上进行的商标注册，不必向美国财政部申报备案，也不能用于阻止进口。

第 3 分章　一般规定

第 29 条（15 U.S.C. § 1111）　注册通知；注册标志；侵权诉讼中利润返还和损害赔偿

不管本编 1072 条如何规定，在专利商标局注册商标的注册人可以发出其商标已经注册的通知，标记"美国专利商标局注册"或用缩略语形式表示为"Reg. U. S. Pat. & Tm. Off."或用字母 R 外加圆圈的方式®表示。注册人没有通过注册标志发出注册通知的，在本章规定的侵权诉讼中，注册人就不能获得利润返还以及损害赔偿救济，除非被告已经获得注册的实际通知。

第 30 条（15 U.S.C. § 1112）　商标和服务的分类；跨多类商品或服务的注册

为专利商标局管理便宜，专利商标局局长可以确定商品和服务的分类，但不能限制或扩张申请人或注册人的权利。申请人可以在其使用或意图真实使用的任何一类或所有类别的商品或服务上申请注册商标，但应该属于专利商标局局长在条例中规定的可以跨类申请的商品或服务,并缴纳每类申请规定的申请费的总和,专利商标局局长可以就该商标核发一个商标注册证书。

第 31 条（15 U.S.C. § 1113） 费用

（a）申请费；服务费；资料费

专利商标局局长应该确定商标或其他标记申请的申请费、审查费以及专利商标局提供服务和材料的费用。专利商标局局长可以每年调整本款确定的费用,以总体反映劳工部长确定的前 12 月内的消费者物价指数的变化波动。低于 1‰ 的变化可以忽略不计。费用通知在联邦公报和专利商标局官方公报上公布至少 30 天后,本条确定的费用才能生效。

（b）免除费用；印第安产品

应美国政府机构或其官员的不时请求,专利商标局局长可以免除这些主体应该缴纳的服务费和资料费。印第安工艺委员会为真正且质量合格的印第安产品或特定印第安部落、群体的产品注册政府检印标志的,不缴纳任何费用。

第 32 条（15 U.S.C. § 1114） 救济；侵权；印刷者和出版者非故意侵权

（1）非经注册人同意,任何主体有下列行为的,应该在注册人提起的民事诉讼中承担责任。根据（b）的规定,除非行为人知晓仿冒行为意图造成混淆、错误或欺骗的，否则注册人无权获得赔偿利润所得或损害赔偿的救济。

（a）于商业经营中的销售、许诺销售、分发、广告中，在相关商品或服务上印制、仿冒、复制或欺骗性摹仿注册标记，或做相关使用，而可能造成混淆、错误或欺骗的；或

（b）印制、仿冒、复制或欺骗性摹仿注册标记，并将其用于相关商品或服务在销售、许诺销售、分发、广告中所使用的标签、标志、印刷物、包装、包装纸、容器、广告品之上，有可能造成混淆、错误或欺骗的。

本项规定中的"任何主体"包括美国、美国政府机构和职能部门、代表美国政府或经美国政府授权并认可其行为的个人及公司、州、州职能部门、履行职责的州职能部门的官员和雇员。美国、美国政府机构和职能部门、代表美国政府或经美国政府授权并认可其行为的个人及公司、州、州职能部门、履行职责的州职能部门的官员和雇员，应该以同样的方式，在相同的范围内，和非政府主体一样遵守本章规定。

（2）不管本章其他条款如何规定，给予本章规定的权利所有人或根据本编 1125 条（a）或（d）提起诉讼的主体的救济受如下限制：

（A）如果侵权人或侵害人仅仅是为他人印刷标记或侵害事项的，在证明其不知情的情况下，权利所有人或本编 1125 条（a）诉讼的提起者有权获得的救济只能是禁止该主体继续印刷商标或侵害事项的禁令。

(B) 如果被控侵权或侵害被包含于报刊杂志、美国法规汇编第18篇2510条（12）规定的电子通讯物中的付费广告中，或构成其中一部分的，权利所有人或本编1125条（a）诉讼的提起者有权获得的救济只能是禁止在嗣后发行的报刊杂志、电子通讯中显示该广告的禁令。此处规定的限制仅适用于不知情的非故意侵权人或侵害人。

(C) 如果禁令是针对包含侵权或侵害广告的报刊杂志、电子通讯物的发行的，限制在某一期报刊杂志或电子通讯物中散播侵权或侵害内容会延迟其投递以致超出正常投递时间，而该延迟是依照正常商业习惯中依通常之方法处理报刊杂志发行与电子通讯物传送而导致，不是为逃避本条规定或拖延甚至避免执行禁止侵害的禁令或限制令所致，权利所有人或本编1125条（a）诉讼的提起者不能获得禁令救济。

(D)（i）（I）域名注册员、域名注册处或其他域名注册机构，实施下文（ii）规定的有关域名行为，除了承担（II）中规定的禁令责任外，不承担金钱救济责任，不论确定裁判认定域名是否侵权或造成商标淡化。

(II) 在上文（I）中规定的域名注册员、域名注册处或其他域名注册机构，只有在下述条件下才承担禁令责任：

（aa）有关域名处理的争议在法院提起诉讼时，域名注册员、域名注册处或其他域名注册机构没有及时向法院提交文件，以便法院有能力控制和掌握域名注册与使用的处理。

(bb) 在诉讼进行过程中，域名注册员、域名注册处或其他域名注册机构转让、中止使用或者修改域名，但不是基于法院命令。

(cc) 域名注册员、域名注册处或其他域名注册机构故意不服从法院命令。

(ii) 在 (i) (I) 条文提到的行为，是指在下列情况下作出的拒绝注册域名、撤销域名注册、转让域名、暂时中止域名使用或永久撤销域名的行为——

(I) 根据本编 1125 条 (d) 规定的法院命令作出的；

(II) 域名注册员、域名注册处或其他域名注册机构基于合理的政策考量，禁止注册与他人商标混淆性近似或淡化他人商标的域名的；

(iii) 域名注册员、域名注册处或其他域名注册机构，不因注册或维护他人域名而承担本条规定的损害赔偿责任，除非有证据证明其恶意从注册或维护域名的行为中获利。

(iv) 域名注册员、域名注册处或其他域名注册机构，基于他人故意提供的重大错误信息，认为域名与商标混淆性近似或淡化商标而采取 (ii) 条文中规定的行为的，故意提供重大错误信息的主体要对注册人因此而遭受的损失承担损害赔偿责任，包括诉讼费和律师费。法院也可以向域名注册人提供禁令救济，包括恢复域名或将域名移转给域名注册人。

(v) 根据条文 (ii) (II) 的规定，域名被中止、中断或转让的域名注册人，经通知商标所有人，可以提出民事诉讼，确定根据本章规定，域名注册人的注册和使用不是非法的。法院也可以向域名注册人提供禁令救济，包括恢复域名或将域名移转给域名注册人。

(E) 本项中——

(i) 侵害人，指违反本编1125条（a）规定的主体；

(ii) 侵害事项，指违反本编1125条（a）规定的事项。

(3)（A）实施美国法规汇编第17编110条第（11）项规定的行为，并遵守该项规定的要求的，不承担违反本章规定的责任。但本项规定不妨碍没有实施美国法规汇编第17编110条第（11）项规定行为的主体承担责任，也不能解释为对本章赋予的权利进行限制或抗辩，即使行为主体同时也实施了美国法规汇编第17编110条第（11）项规定的行为。

(B) 上述（A）句规定中，能够屏蔽电影作品中有限的部分声音或图像的技术生产商、被许可人、许可人，不因生产或许可行为承担本章规定的责任，如果该生产商、被许可人或许可人能够确保，在表演改版了电影制片人或著作权人原电影作品的作品前，技术提供了清晰且显见的通知。技术生产商、被许可人和许可人没有遵守本句规定的，（A）句和本句规定的责任限制不适用。

(C)（B）句规定的通知要求，仅适用于2005年4月27日开始的180天期间结束后生产的技术。

(D) 技术生产商、被许可人和许可人不适用（A）

句或（B）句的免责规定的，不能因此而推导出，这些主体因实施了美国法规汇编第 17 编 110 条第（11）项规定的行为而应该承担商标侵权责任。

第 33 条（15 U.S.C. § 1115） 主注册簿注册作为商标专有使用权的证据；抗辩

（a）证据价值；抗辩

根据 1881 年 3 月 3 日商标法、1905 年 2 月 20 日商标法或本章规定，在主注册簿上注册的商标的所有人是诉讼一方当事人的，注册应该作为证据，初步证明注册商标的有效性、注册的有效性、注册人拥有商标、注册人在注册规定的条件和限制下享有于相关商品或服务中专有使用标记的权利，但是，这并不妨碍他人证明，在商标未获注册前其就可以主张的制定法或衡平法上的抗辩事由或商标专有使用权的权利瑕疵，包括本条（b）款规定的情况。

（b）不可争议性；抗辩

注册商标使用权根据本编 1065 条的规定获得不可争议地位的，注册是注册商标有效性、注册有效性、注册人享有商标所有权、注册人在商业经营中享有商标专有使用权的决定性证据。该决定性证据证明，在本编 1065 条规定提交的宣誓书中确定的商品或服务上，注册人享有使用商标或做相关使用的专有使用权，如果依据本编 1059 条规定提出的商标续展保护申请中确定较少的商品或服务的类别的，则是在这些商品或服务上使用商标或做相关使用的专有使用权，同时该专有使用权受注册、宣誓书或续展申请中规定的条件或限制的约束。此类使用注册商标权的决定性证据受本编1114条定义的商标侵权的限制，同时受限于下述抗辩或权利瑕疵主张：

（1）注册或使用商标的不可争议的权利是通过欺骗取得的；

（2）商标已经被注册人抛弃的；

（3）注册人、注册人许可的人或与注册人有密切关系者，使用注册商标的方式导致对商品或服务的来源作出错误表示的；

（4）被控侵权使用名称、用语或图案，不是商标使用，而是在当事人自己的经营中使用其姓名、或使用与其有密切关系者的姓名，或者对用语或图案的使用仅仅是正当且善意地描述该当事人的商品或服务，或说明其产地的；

（5）被控侵权使用商标的当事人不知道注册人的在先使用，且在下述日期之前，当事人或与其有密切关系者就一直使用商标的：（A）根据本编1057条（c）规定确定的推定使用日；（B）如果商标注册申请是在《1988年商标法修正法案》生效前提出的，则是本章规定的注册日；或（C）本编1062条（c）规定的注册商标公告日。但是，该抗辩或权利瑕疵主张仅对已经确证的连续在先使用存在的地区适用；

（6）在注册人的商标注册于本编1062条（c）规定

的公告或本章规定的注册前，被控商标已经注册或使用，但本抗辩或权利瑕疵主张仅适用于注册或公告前使用商标的地区；

（7）已经或正在进行的商标使用违反美国反垄断法；

（8）商标具有功能性；

（9）可以适用衡平原则的，包括时效、禁止反言和默认。

第 34 条 （15 U.S.C. § 1116） 禁令救济

（a）管辖；送达

对本章规定的诉讼具有管辖权的几个法院，有权根据衡平原则和其认为合适的条件发出禁令，以阻止侵犯专利商标局注册的注册商标权或阻止发生本编1125条（a）、（c）或（d）中的侵害。禁令中可以规定，在收到禁令之日起的30日期间内或法院指定的更长的期间内，被告向法院提交经宣誓的书面报告，详细说明被告遵守执行禁令的方式和形式，并将此报告送达原告。美国联邦地区法院通知被告后进行听审而发出禁令的，可以送达到能够找到禁令所针对的当事人的美国领土的任何地方，并应实施，不能顺利实施的，可以通过在发出禁令的法院或能够找到被告的美国联邦地区法院，以藐视法庭之处罚程序保障其予以执行。

（b）法庭文书认证副本的转交

依本章规定可以强制执行禁令的法院具有完全的管辖权，视同其本身发出禁令。被请求强制执行禁令的法院提出要求时，法院书记官或发出禁令的法官，应立即向执行法院转交其存档的发出禁令所依据的全部文书的认证副本。

(c) 通知专利商标局局长

在有关商标注册的本章规定的诉讼、程序申请后，法院书记官应该在1个月之内向专利商标局局长发出书面通知，按顺序列明已经知晓的诉讼当事人的姓名及地址、诉讼或程序所涉及的商标注册号，如果诉讼或程序嗣后通过补正、答辩或其他程序又牵涉其他商标注册的，法院书记官也要就此通知专利商标局局长。在判决作出后的一个月内或提起上诉的情况下，书记官应该通知专利商标局局长，专利商标局局长应该在注册簿中的注册归档文件封面上就涉及的注册进行签注，使其成为归档文件的一部分。

(d) 因使用仿冒商标而提起的民事诉讼

(1) (A) 因在销售、许诺销售或供应商品或服务的过程中，使用仿冒商标，根据本编1114条 (1) (a) 或美国法规汇编第36编220506条的规定提起民事诉讼的，法院可以应一方当事人的申请，根据本条 (a) 款的规定扣押侵害所涉及的商品、仿冒商标、制造商标的工具、生产或销售乃至收受物品的记录文件。

(B) 本款中，"仿冒商标"是指——

(i) 仿冒的商标是在美国专利商标局主注册簿上注册的已经于销售、许诺销售或供应的商品或服务上使用的标志，不考虑救济所针对的对方当事人是否知晓该标

记已经注册；或者

（ii）与美国法规汇编第 36 编第 220506 条规定的标志相同或没有实质区别，而可以根据该条规定获得本章提供的救济的。

但本项规定不包括，在生产或制造时，商标或标志的权利人已经授权生产者或制造者在生产或制造的产品上使用商标或标志，或做相关使用。

（2）除非申请人已经根据具体情况向管辖法院所在地的检察官发出合理通知，否则法院不接受本款规定的申请。如果程序会影响犯罪证据，则检察官可以参加申请启动的诉讼。如果法院认为，基于公共利益的需要而应该提起刑事控诉的，则法院可以驳回申请。

（3）根据本款规定申请法院命令，应该——

（A）基于宣誓书或确认的起诉书中确定的事实，从事实和法律两个角度足以支持发出命令；且

（B）在命令中陈明本款第（5）项要求的额外信息。

（4）法院不应准予申请，除非——

（A）获得本款规定的法院命令的主体，已经向法院提供了充分的担保，在扣押错误时，该担保足以对有权获得损害赔偿的主体进行救济。且

（B）通过特定的事实，法院得出明确的结论，认为——

（i）不发出单方扣押命令不足以达成本编 1114 条规定的目的；

（ii）申请人尚未公开请求扣押的事项；

（iii）申请人应该能够证明扣押针对的主体在销售、许诺销售或供应商品或服务中使用了仿冒商标；

（iv）如果不发出扣押令会导致立即而无法弥补的损害；

（v）扣押的物品应该处于申请所确定的地点；

（vi）不准予申请而给申请人带来的损害，大于准予申请发出扣押令而给扣押令针对的主体的合法利益带来的损害；

（vii）如果申请人通知扣押令针对的主体或与其合谋行为的主体，这些主体会将扣押物品销毁、转移、隐匿以及以其他方式让法院无法获得扣押物品。

（5）本款规定的扣押命令应该陈明——

（A）发出扣押令所需查明的事实以及法律结论；

（B）详细描述每一扣押物品的特征及其所在地点；

（C）扣押期间，最长不得超过扣押之日起7日；

（D）本款规定的担保的数额；

（E）本款第（10）项规定的听审日期。

（6）应原告的请求，法院应该采取合理措施，保护本款规定的扣押令所针对的主体受扣押之事不被公开。

（7）根据本款规定扣押的所有物品都应由法院保管。法院应该发出适当的保护令，保护证据发现以及扣押物品记录或信息的使用。保护令应该规定相应的程序，确保记录中包含的保密、隐私、财产性或机密信息不会被不当披露或使用。

（8）在本款规定的扣押命令所针对的对象有机会就

该扣押命令进行争辩前，扣押命令及其支持文件都应该封存，但在扣押实施后，扣押命令针对的主体有权接触该命令及支持文件。

（9）法院应该发出扣押命令，由美国联邦法律执行官（例如美国联邦执法官、美国海关、美国经济调查局、美国联邦调查局或邮局的官员及雇员）或州、地方法律执行官送达本款规定的命令的副本，这些主体在送达时应该实施扣押令。在适当的情况下，法院应该发出命令，保护被告不因扣押实施而披露商业秘密或其他秘密信息而受到损害，包括在适当情况下可以发出命令限制申请人或申请人的代理人、雇员接触这些秘密或信息。

（10）（A）除非当事人放弃，法院应该在扣押令确定的日期进行听审。听审日应该不早于扣押令发出的 10 日后，不迟于扣押令发出的 15 日后，除非申请扣押令的人有正当理由表明其他日期合适，或者扣押令针对的主体同意其他的听审日期。听审中，获得扣押令的一方应该举证证明扣押令发出时查明事实和法律结论依然有效，否则就要解除扣押令或做适当的修改。

（B）在本项规定的听审中，法院可以通过命令对《民事程序规则》中的证据开示时间限制进行修改，从而不至于使听审的目的落空。

（11）因本款规定的扣押错误而受到损害的主体，可以对申请扣押的人提起诉讼，有权获得适当的救济，包括赔偿利润损失、资料成本、商誉损害；如果申请人进行恶意扣押的，还可以获得惩罚性赔偿和合理的律师费用,除非法院认为申请人有减轻情由。法院还可以酌情判给被扣押主体本项救济中判决前的利息,以美国法规汇编第 26 编 6621 条(a)(2)规定的年息计算,计息日从本项规定权利请求诉状送达之日开始至给予救济之日结束,或者是法院认为合适的更短的期间。

第 35 条 (15 U.S.C. § 1117) 权利侵害救济

(a) 利润;损害赔偿和成本;律师费

当按照本章规定的诉讼,确定侵害美国专利商标局注册的商标注册人的权利成立,或本编 1125 条(a)或(d)的侵害成立,或本编 1125 条(c)规定的故意侵害成立,在符合本编 1111 条和 1114 条规定以及衡平原则的情况下,原告有权获得:(1)被告的利润所得;(2)原告的任何损失,以及(3)诉讼费用。法院应该评估这些利润或损害,或者指导这些利润或损害的评估。在评估利润所得时,原告只需要证明被告的销售额,被告要证明所有的成本或扣减要素。在评估损害时,法院可以根据实际情况判定一个高于实际损害但不超出其 3 倍的金额。如果法院认定,基于被告利润所得确定的救济金额不足或过多的,法院可以根据实际情况确定一个其认为公正的数额。但上述情况下确定的数额仅是补偿金额,不是惩罚金。在特殊情况下,法院可以判给胜诉方律师费用。

(b) 使用仿冒商标进行的三倍损害赔偿

对违反本编 1114 条(1)(a)规定或美国法规汇编

第 36 编 220506 条的规定，使用仿冒商标或标志（根据本编 1116 条（d）的定义），法院根据本条（a）款规定评估损害赔偿金额时，如果侵害行为符合下列情况，法院应该判赔利润或损害的三倍赔偿额中较大金额，并可以同时判赔律师费用，除非法院认为侵害人有减轻情由：

（1）明知商标或标志是仿冒的，还故意在销售、许诺销售或提供商品或服务中使用商标和标志；或

（2）为实施（1）项中列举的侵害行为提供必要的商品或服务，目的是让接受商品或服务的主体将商品或服务用于实施侵害行为中。

在此情况下，法院还可以酌情判给被扣押主体本项救济中判决前的利息，以美国法规汇编第 26 编 6621 条（a）（2）规定的年息计算，计息日从本项规定权利请求诉状送达之日开始至给予救济之日结束，或者是法院认为合适的更短的期间。

（c）使用仿冒商标进行的法定赔偿

在销售、许诺销售或提供商品或服务中使用仿冒商标（根据本编 1116 条（d）的定义）的，在初审法院作出最终判决前的任何时候，原告都可以选择就该使用获得法定赔偿金，而不是本条（a）款规定的实际损害赔偿和利润赔偿，其金额为：

（1）针对销售、许诺销售或提供商品或服务的每一类商品或服务上的每一个仿冒商标的赔偿金额不低于 1000 美元且不高于 20 万美元的幅度内，法院认为公正的金额；或

（2）法院认定仿冒商标的使用出于故意时，针对销售、许诺销售或提供商品或服务的每一类商品或服务上的每一个仿冒商标的赔偿金额不高于 200 万美元的幅度内，法院认为公正的金额。

(d) 违反 1125 条（d）（1）的规定进行的法定赔偿

违反本编 1125 条（d）（1）的规定的，在初审法院作出最终判决前的任何时候，原告都可以选择、获得法定赔偿金，而不是实际损害赔偿和利润赔偿，其金额为针对每一个域名不低于 1000 美元且不高于 10 万美元的幅度内，法院认为公正的数额。

(e) 对侵害故意进行可举证推翻的假定

如果在本条规定的诉讼进行中，侵害人或与其共谋行为者，在与侵害有关的域名注册、管理及更新中，向域名注册员、域名注册处或其他域名注册机构故意提供重大错误信息，或者有意导致提供这些重大错误信息的，在确定救济时，则可以假定侵害是故意的，除非侵害人举证推翻此假定。本款规定不限制本条规定下如何认定何种行为构成故意。

第 36 条 (15 U.S.C. § 1118) 销毁侵权物品

当按照本章规定的诉讼，确定侵害美国专利商标局注册的商标注册人的权利成立，或本编 1125 条（a）的侵害成立，或本编 1125 条（c）规定的故意侵害成立，法院可以命令移交并销毁被告拥有的所有带有注册商标的标签、标志、印刷品、包装、包装纸、容器或广告品；

如果是违反本编 1125 条（a）规定的侵害行为或故意违反本编 1125 条（c）规定的侵害行为，则还要移交并销毁带有侵害词、用语、名字、记号、图案或其组合、标志、描述或说明的标签、标志、印刷品、包装、包装纸、容器或广告品，或带有印制、仿冒、复制或欺骗性摹仿注册商标标记的标签、标志、印刷品、包装、包装纸、容器或广告品；所有模板、模具、模型以及其他制造工具都要移交和销毁。根据本条规定申请销毁本编 1116 条（d）规定的扣押物品的，应该于 10 日（如有正当事由，期间可以缩短）前通知扣押命令管辖法院所在地的美国检查官，检察官认为销毁会影响刑事诉讼证据的，可以要求就销毁事宜进行听审或参加到与销毁有关的听审程序中。

第 37 条 （15 U.S.C. § 1119） 法院就注册可以行使的权力

在注册商标诉讼中，法院可以确定诉讼当事人的注册权利、命令全部或部分撤销其注册、恢复撤销的注册或对注册进行修正。法院的裁决或命令经适当签署后发给专利商标局局长，专利商标局局长应该对商标局记录进行适当调整，并受法院监督。

第38条 （15 U.S.C. § 1120） 错误注册或欺诈注册的民事责任

通过口头或书面的错误或欺诈宣告、陈述，或通过任何虚假方式在专利商标局获得商标注册的，对因此而受到损害的任何民事诉讼主体承担由此带来的责任。

第39条 （15 U.S.C. § 1121） 联邦法院管辖；州或地方规范要求注册商标变更或做不同标识；禁止

（a）美国联邦地区法院或其管辖区的法院对本章规定的所有诉讼具有初审管辖权，美国巡回上诉法院（除美国联邦巡回上诉法院外）具有上诉审管辖权，不论争议的标的额或当事人是否来自同一个州或不同的州。

（b）州、美国其他司法管辖区、政府部门或分支机构无权要求变更注册商标，也无权要求其他可能与注册商标联合或合并使用的其他商标、服务商标、商号、公司名称，以不同于美国专利商标局核发的注册证书中展示这些标志的方式在注册商标中予以显示。

第40条 （15 U.S.C. § 1122） 州、州属机构及州官员的责任

（a）美国主权豁免权的放弃

美国、美国政府机构和职能部门、代表美国政府或经美国政府授权并认可其行为的个人、公司及其他主体，

不能免于被他人（包括政府机构和非政府机构）在联邦或州法院提起本章规定的侵害之诉。

（b）州主权豁免权的放弃

州、州属机构或代表州或州属机构行使职权的官员或雇员，不能根据美国宪法第11修正案或其他主权豁免原则，主张免于被他人（包括政府机构和非政府机构）在联邦法院提起本章规定的侵害之诉。

（c）救济

在本条（a）款或（b）款的诉讼中，因侵害而获得的救济（包括制定法和衡平法上的救济），与针对非政府性质的主体（即下列主体以外的主体：美国、美国政府机构和职能部门、代表美国政府或经美国政府授权并认可其行为的个人、公司及其他主体，或州、州属机构或代表州或州属机构行使职权的官员或雇员）所能获得的救济相同。这些救济包括本编1116条规定的禁令救济，本编1117条规定的实际损害、利润所得、成本和律师费用，本编1118条规定的销毁侵权物品，本编1114条、1119条、1120条、1124条、1125条规定的救济以及本章规定的其他救济。

第41条（15 U.S.C. § 1123）专利商标局程序规则和规定

专利商标局局长，在与法律规定相一致的情况下，应该制定本章规定的专利商标局程序进行的规则和规定。

第 42 条（15 U.S.C. § 1124） 禁止进口带有侵权商标或名称的商品

除美国法规汇编第 19 编 1526 条（d）的规定外，进口商品复制或摹仿美国国内生产商或经营商的名称的，或者复制或摹仿国外生产、经营商的名称，而根据条约、公约或该国国内法的规定给予美国公民相同权利待遇的，复制或摹仿依据本章规定注册的商标的，带有使公众相信其在美国制造或在非其生产国（地）的生产国（地）制造的名称或标记的，不能通过美国任何海关入境美国；为帮助美国海关官员实施该禁止规定，国内生产商和经营商、根据条约、公约、宣告或美国与其所属国达成的协议而有权主张享有和美国国民同样的商标及商业名称权利的国外生产商和经营商，可以要求将其名称、住址、商品生产地名称、根据本章规定核发的商标注册证书，按照财政部长规定的条例的要求，在财政部为此目的而保存的记录中登记造册，可以提供财政部其名称、商品生产地名称或注册商标的副本，财政部长应该向每一位海关官员或税务人员提供一份或多份这些资料的复制件。

第 43 条（15 U.S.C. § 1125） 禁止原产地虚假表示、虚假描述；禁止淡化

（a）民事诉讼

（1）任何主体在商业活动中，在任何商品或服务或任何商品容器上商业使用任何文字、术语、名称、符号、

图案或任何它们的组合或虚假来源表示，虚假或引人误解描述事实，虚假或误导性表示事实——

（A）从而可能在确认该人与他人的关系或联系上，在确认该人的商品或服务或他人的商业活动的来源、赞助人情况或许可方面，引起混淆，产生错误或发生误解；或者

（B）在商业广告或促销活动中错误表示自己或他人商品、服务或商业活动的性质、特征、质量或产地来源。

应在任何认为自己由此受到或可能受到的损害的主体提起的民事诉讼中承担法律责任。

（2）本项规定中的"任何主体"包括州、州职能部门、履行职责的州职能部门的官员和雇员。州、州职能部门、履行职责的州职能部门的官员和雇员，应该以同样的方式，在相同的范围内，和非政府主体一样遵守本章规定。

（3）根据本章规定提起侵犯非在主注册簿上注册的商业外观的诉讼，主张商业外观保护的主体要举证证明寻求保护的事物不具有功能性。

（b）进口

违反本款规定进行标记或贴附标签的商品，不能进口到美国，也不能在任何美国海关获准入境。本款规定中被拒入关的商品的所有人、进口商或收货人，可以根据海关税收法的规定提出抗议或申诉，也可以在商品被拒入关或扣押后，根据本章规定寻求救济。

(c) 冲淡导致的淡化；污损导致的淡化

(1) 禁令救济

在商标驰名后，他人在商业经营中使用标记或商号，有可能因冲淡或污损导致驰名商标淡化的，在符合衡平原则的情况下，具有固有显著性或通过使用获得显著性的驰名商标的商标所有人有权针对该主体获得禁令救济，而不考虑是否存在或不存在实际混淆或可能混淆、竞争或实际的经济损害。

(2) 定义

(A) 第(1)项规定中的商标驰名，是指商标作为商标所有人商品或服务来源的标识被美国境内的消费公众广泛认知。在确定商标是否已经具有规定程度上的认知度，法院可以考虑所有相关因素，其中包括：

(i) 商标广告宣传的持续时间、范围、地域，不论是商标所有人作出的还是第三人作出的广告宣传；

(ii) 商标贴附的商品或服务提供的数量和地域范围；

(iii) 商标的实际认知范围；

(iv) 商标是根据1881年3月3日商标法、1905年3月20日商标法注册的，还是在主注册簿上注册的。

(B) 第(1)项规定中的"冲淡导致的淡化"，是指商标或商号与驰名商标之间的相似引发的联想削弱了驰名商标的显著性。在确定商标或商号是否有可能通过冲淡导致淡化时，法院可以考虑所有相关因素，其中包括：

(i) 商标或商业名称与驰名商标的相似程度；

(ii) 驰名商标固有显著性或获得显著性的程度；

（iii）驰名商标所有人专有使用驰名商标的程度；

（iv）驰名商标在市场中的认可度；

（v）商标或名称的使用者是否意图让消费者联想到驰名商标；

（vi）商标或名称与驰名商标发生实际联想的事实。

（C）第（1）项规定中的"污损导致的淡化"，是指商标或商号与驰名商标之间的相似引发的联想损害了驰名商标的声誉。

（3）免责事由

下列情形不可依据本款规定以弱化或污损为由提起诉讼：

（A）驰名商标的合理使用，包括指明商标权人的合理使用和叙述性合理使用，或者为了便于作出这些合理使用而实施的行为，但商标使用人不能用于指示他自己商品或服务来源，具体包括下列相关使用行为：

（i）让消费者能够比较产品或服务的广告或促销；或

（ii）确定、滑稽摹仿、讽刺、评论驰名商标所有人或驰名商标所有人的商品或服务的行为。

（B）所有形式的新闻报道和新闻评论。

（C）任何对商标的非商业性使用。

（4）举证负担

在因淡化未在主注册簿中注册的商业外观而提起本章规定的诉讼中，主张商业外观保护的主体应该举证证明：

(A) 商业外观作为一个整体不具有功能性，且驰名；以及

(B) 如果商业外观包含有主注册簿上注册的一个或多个商标的，未注册部分作为一个整体，独立于注册商标具有驰名度。

(5) 其他救济

在本款规定的诉讼中，驰名商标所有人有权获得本编 1116 条规定的禁令救济。属于以下所列情况的，根据衡平原则，法院也可以酌情给予驰名商标所有人本编 1117 条 (a) 和 1118 条规定的救济——

(A) 禁令所针对的主体，是在 2006 年 10 月 6 日以后首次于商业经营中使用可能因冲淡或污损而导致驰名商标淡化的商标或商号的；

(B) 本款权利请求的提出基于——

(i) 冲淡导致的淡化，禁令针对的主体有意利用驰名商标认知度的；或者

(ii) 污损导致的淡化，禁令针对的主体有意损害驰名商标声誉的。

(6) 有效注册商标为诉讼的绝对抗辩

根据 1881 年 3 月 3 日商标法、1905 年 2 月 20 日商标法或本章规定获得商标有效注册的，在针对注册人提起的下述有关此商标的诉讼中，是该注册人的绝对抗辩——

(A) (i) 由其他主体根据州普通法或制定法提起诉讼；且

（ii）寻求救济的目的是防止通过冲淡或污损而导致商标淡化；或

（B）主张对其商标、标签、广告模式的显著性或声誉造成实际或可能损害的。

（7）保留条款

本款的任何规定都不能用于解释妨碍、修改或替代美国专利法的适用。

（d）禁止网络空间的盗用行为

（1）（A）在下述情形下，任何主体都应该在商标所有人提起的民事诉讼中承担民事责任，包括自然人姓名作为商标保护的情形，而不考虑当事人经营的商品或服务的类别：

（i）恶意意图从商标中获利的，包括本条规定的将自然人姓名作为商标保护的情形；且

（ii）注册、交易或使用下述域名——

（I）在注册域名时，商标已经具有显著性的，域名与商标相同或混淆性近似；

（II）在注册域名时，商标已经驰名的，域名与商标相同或混淆性近似或淡化商标；

（III）域名是美国法规汇编第 18 编 706 条或第 36 编 220506 条保护的商标、词汇或名称。

（B）（i）在判定是否具有（A）目中规定的恶意的，法院可以考虑如下因素，但不限于这些因素：

（I）该主体是否就域名享有商标权或其他知识产权；

（II）在多大程度上域名是由自然人的合法姓名构成

的，或姓名通常用于指称该主体；

（III）该主体是否曾经在善意提供商品或服务时使用该域名；

（IV）该主体是否在通过域名能够进入的地址善意非商业使用商标或合理使用商标；

（V）该主体将消费者从商标所有人的网站转移到通过域名进入的地址而损害商标代表的商誉的意图，其制造在来源、许可、赞助、归属关系方面的混淆可能，是为了获得商业利益还是意图污损或贬损商标；

（VI）该主体没有在实际提供商品或服务中使用或意图使用域名，而是为了获得商业利益提出将域名转让、销售或移转给商标所有人或第三人，或者该主体以前实施过类似行为的；

（VII）该主体在注册域名时提供重大误导性的错误联系信息，该主体有意不保持精确的联络信息，或该主体以前实施过类似行为的；

（VIII）该主体注册或获得多个域名，这些域名与注册时他人已经获得显著性的商标相同或混淆性近似，或淡化注册时已经驰名的他人的驰名商标的，而该主体知道这一情况，考量此类情形时不必考虑当事人商品或服务的类别；

（IX）该主体注册的域名吸收商标的程度，商标在本条（c）款规定意义下的显著性程度和驰名程度。

（ii）当法院认定域名注册人相信或有理由相信其域名使用是合理使用或因其他理由而合法的，（A）目规定的主观恶意不成立。

（C）在本项规定的有关域名注册、买卖或使用的诉讼中，法院可以命令收缴或撤销域名，或将域名转至商标所有人名下。

（D）只有域名注册人或其授权许可的人才对（A）句规定的域名使用行为承担责任。

（E）在本项规定中，"交易"包括但不限于下述行为：购买、出售、出租、担保、许可、货币交易或其他为获得对价或作为对价而进行的移转。

（2）（A）在下述情况下，商标所有人可以在注册、转让域名的域名注册员、域名注册处或其他域名注册机构所在地的管辖法院，提起针对域名的对物民事诉讼：

（i）域名侵害专利商标局注册的或本条（a）款或（c）款保护的商标所有人的权利；且

（ii）法院认定，商标所有人——

（I）无法获得对本应作为第（1）项规定的民事诉讼被告的主体的对人管辖；或

（II）通过下述方式，经诚意努力，仍无法找到本应作为第（1）项规定的民事诉讼被告的主体——

（aa）向域名注册人提供的通信地址和电子邮件地址发送主张侵害和意图进行本项规定的程序的通知；以及

（bb）根据法院要求，在提起诉讼后立即发出诉讼通知公告的。

（B）（A）（ii）句规定的行为构成程序送达。

（C）在本项规定的对物诉讼中，域名可视为位于下述司法管辖区域：

（i）注册、转让域名的域名注册员、域名注册处或其他域名注册机构所在地；或

（ii）对域名注册及使用的处理进行控制或管理的文件已经交存的法院。

（D）（i）本项规定的对物诉讼的救济仅限于法院命令收缴或撤销域名注册，或将其转至商标所有人名下。在收到商标所有人于美国地区法院提起的本项规定诉讼的诉状盖印副本的书面通知后，域名注册员、域名注册处或其他域名注册机构应该——

（I）立即向法院移交文件，以便其对域名注册及使用的处理进行控制或管理；且

（II）在诉讼程序进行中，不能转移、中止或修改域名，除非经法院命令。

（ii）在本项规定下，域名注册员、域名注册处或其他域名注册机构不承担禁令或金钱赔偿责任，除非其恶意或过失，包括有意不遵守法院命令。

（3）第（1）项规定的诉讼、第（2）项规定的对物诉讼以及这两种诉讼中的救济，都是其他可能诉讼或救济之外的诉讼或救济。

（4）第（2）项规定的对物管辖应该是已经存在的其他管辖之外的，不论这些管辖是对人管辖还是对物管辖。

第 44 条 （15 U.S.C. § 1126） 国际公约

（a）国际局送交的商标的注册簿

根据美国加入或可能加入的保护工业产权、商标、商号或商业名称、制止不正当竞争国际公约的规定，国际局将商标送交美国专利商标局的，专利商标局局长应该保存所有送交商标的注册簿，在缴纳公约规定的费用和本章规定的费用后，局长应该将标记反映在注册簿中。注册簿显示商标、商号或商业名称的副本，注册人的姓名、国籍和住址，首次注册的注册号、日期和地点，包括该注册申请日以及保护期间，原始注册国注册商标使用的商品或服务，以及有关商标的其他日期。注册簿应该是 1920 年 3 月 19 日法律第 1 条（a）款规定的注册簿的续篇。

（b）公约成员国国民享受本条利益

美国加入的商标、商号或商业名称、制止不正当竞争国际公约的其他成员国的国民，或通过国内法给美国国民互惠待遇的国家的国民，除本章规定的其他商标所有人的权利外，在实施公约规定或互惠法律规定的限度内和条件下，还有权主张本条规定的利益。

（c）所属国在先注册；所属国定义

标记尚未在申请人所属国注册的，申请人不能根据本条（b）款规定在美国获得注册，除非申请人主张已经在商业经营中使用商标。

本条规定中，所属国是指申请人有真实且有效经营场所的国家，在他的住所地没有此经营场所或他在任何国家没有本条（b）款规定的住所的，则是他的国籍国。

(d) 优先权

根据本编 1051 条、1053 条、1054 条或 1091 条的规定，或本条（e）款的规定提出的商标注册申请，在本条（b）款规定的国家曾经提出过合法申请的本条（b）款规定的主体，应该视同其在该国外第一次提出申请之日于美国提交了同样的注册申请，但需要满足下述条件——

（1）是在国外第一次提出申请之日后的 6 个月内又在美国提交申请的；

（2）申请应尽可能接近本章规定的要求，包括声明申请人意图真实进行商业使用的陈述书；

（3）在第一次于国外提交申请之日前已经取得的第三人的权利，不因本款申请获准注册而受到任何影响；

（4）注册人不能根据本款规定起诉商标在美国注册前实施的行为，除非注册是基于商业使用作出的。

本条规定的权利，也可以基于在外国首次提出申请后的后续正常申请进行主张，以与基于首次申请同样的方式、受到同样的限制、满足同样的要求，但应该符合下述条件：后续正常申请之前的申请被撤回、放弃或以其他方式处理，没有经公告后受公众查审，没有遗留任何权利，也不曾且不会作为优先权主张的根据。

(e) 主注册簿或辅助注册簿注册；国外注册的副本

国外申请人在所属国合法注册的标记，在符合规定的条件下，也可以获得主注册簿注册，或者按照本章规定在辅助注册簿上进行注册。在专利商标局局长规定的期间内，该申请人应该提交申请人所属国注册证书的准确的副本、影印本、证书或认证的复制件。申请人应该申明其意图在商业中使用标记的真实意图，但注册前进行商业使用不是获得注册的条件。

（f）国内注册独立于国外注册

本条（b）款规定的主体，根据本条（c）、（d）、（e）款的规定进行的商标注册，独立于其所属国注册，商标保护期间、有效性或在美国进行的转让受本章规定规范。

（g）未经注册的外国国民的商号及商业名称受保护

本条（b）款规定的主体的商号及商业名称受保护，其没有义务申请商标注册，不论该商号或商业名称是否构成商标的组成部分。

（h）保护外国国民免受不正当竞争

本条（b）款确定的主体，在本章规定的条件下，有权主张本章规定的利益；他们同样有权获得反不正当竞争的保护，本章针对商标侵权的救济，在其可适用的范围内可以用于制止不正当竞争。

（i）美国公民或居民有权获得本条利益

美国公民或居民有权获得本条给予本条（b）款规定的主体的利益。

第 45 条 （15 U.S.C. § 1127） 解释与定义；本章目的

在本章定义的解释中，应该遵循下述规定，除非情境解释表明很明显应该作出相反的认识。

美国，包括其控制及管辖的所有地区。

商业，指美国国会合法规范的一切经营。

主注册簿，指本编1051条至1072条规定的注册簿，"辅助注册簿"指本编1091条至1096条规定的注册簿。

人或主体，用于指代申请人、其他有权按照本章规定主张利益或承担责任的其他词汇用语，既包括自然人，也包括法人。"法人"包括公司、行会、联合会或其他有能力在法院起诉或被诉的组织。

人或主体一词也包括美国、美国政府机构和职能部门、代表美国政府或经美国政府授权并认可其行为的个人及公司。美国、美国政府机构和职能部门、代表美国政府或经美国政府授权并认可其行为的个人及公司，应该以同样的方式，在相同的范围内，和非政府主体一样遵守本章规定。

人或主体，还包括州、州职能部门、履行职责的州职能部门的官员和雇员。州、州职能部门、履行职责的州职能部门的官员和雇员，应该以同样的方式，在相同的范围内，和非政府主体一样遵守本章规定。

申请人和注册人，包括该申请人或注册人的法定代理人、被继承人、继承人和受让人。

专利商标局局长，指美国专利商标局局长。

关系公司，是指商标所有人能够控制其使用商标的商品或服务的性质及质量的主体。

商号和商业名称，是指用于表示主体从事经营或事业的名称。

商标，是指人们为将自己制造或销售的商品（包括特殊产品）与他人的相区别，以表示商品来源（即使该来源不为公众所知），而在商业中使用的或意图真实使用的，并根据本章规定在主注册簿上申请注册的任何词汇、姓名、标志、图案或上述要素组合。

服务商标，是指人们为将自己提供的服务（包括特殊性质的服务）与他人的相区别，以表示服务来源（即使该来源不为公众所知），而在商业中使用的或意图真实使用的并根据本章规定在主注册簿上申请注册的任何词汇、姓名、标志、图案或上述要素组合。

标题、角色名称或广播电视节目的区别性特征可以注册为服务商标，尽管这些标志或节目会为赞助商商品作广告。

证明商标，是指所有人出于真实目的，为许可他人在商业中使用，不是自己使用，而根据本章规定在主注册簿上申请注册的任何词汇、姓名、标志、图案或上述要素组合，该标记为商标所有人以外的他人使用，用于证明商品或服务的产地或其他来源、材料、生产型号、质量、精准度以及商品或服务的其他特征，或证明商品或服务上的工艺、劳动是由特定行会或组织的成员提供的。

集体商标，既可以是商品商标，也可以是服务商标，是指——

（1）由联营组织、协会或其他集体性的团体、组织的成员使用；或

（2）联营组织、协会或其他集体性的团体、组织具有于商业中使用的真实意图，而根据本章规定在主注册簿上申请注册的商标。

包括表明在行会、协会或其他组织中具有成员资格的商标。

商标，包括商品商标、服务商标、集体商标和证明商标。

于商业中使用，是指在通常经营中真实使用商标，而不仅仅是为保持商标权利进行使用。在下述情况下，构成本章规定中的"于商业中使用"——

（1）如果是用于商品之上的，则应该是——

（A）商标以任何方式贴附在商品上、容器上，或与其一同展示，或加附在商品标签上，如果商品自身的属性使贴附商标不可行，商标可以贴附在与商品或商品销售相关的文件上；且

（B）商品于商业中销售或运输。

（2）如果是服务商标的，商标在销售服务或为服务做广告时使用或展示，该服务是在商业中提供，或在一个以上的州或美国及外国提供服务，提供服务的主体从事与服务相关的商业经营。

在下述任一情况下，商标视为"被放弃"：

（1）商标中断使用，意图不再恢复使用。意图不再恢复使用可以根据具体情况进行推定。连续 3 年不使用是放弃的初步证据。"使用"商标是指在通常经营中真实使用商标，而不仅仅是为保持商标权利进行使用。

（2）因商标所有人的行为（包括作为和不作为），导致商标在相关商品或服务上使用或做相关使用具有属名意义，或丧失商标意义的。本章规定中，购买者的动机不是判定是否已经放弃商标的标准。

欺骗性摹仿商标，包括与注册商标类似，足以可能造成混淆、错误或欺骗的任何商标。

注册商标，是指根据本章规定、1881 年 3 月 3 日商标法的规定、1905 年 2 月 20 日商标法的规定、1920 年 3 月 19 日商标法的规定，在专利商标局注册的商标。"在专利商标局注册的商标"意指注册商标。

1881 年 3 月 3 日商标法、1905 年 2 月 20 日商标法、1920 年 3 月 19 日商标法，是指已经修订过的各法。

仿冒，是指与注册商标相同或很难与其区分开来的商标。

域名，是由域名注册员、域名注册处或其他域名注册机构注册或指定，构成互联网电子地址组成部分的字母（数字）字符。

互联网的定义由美国法规汇编第 47 编 230 条（f）（1）给出。

以单数形式出现的词汇同时包括其复数意义，反之亦然。

本章宗旨意在由国会控制商业贸易规范，追诉在商业中对标记进行欺骗性或误导性使用的行为，保护商业中使用的注册商标不受州或地区立法的阻扰，保护商业经营主体不受不正当竞争；防止在商业中通过复制、仿冒、欺骗性摹仿注册商标而进行欺诈或欺骗，提供美国与外国签订的有关商标、商号、不正当竞争的公约、条约中规定的权利保护和救济。

第 46 条（15 U.S.C. § 1128） 美国知识产权法实施协调委员会

（a）设立

设立美国知识产权法实施协调委员会（本条中称为"委员会"），委员会由下列成员组成——

（1）美国专利商标局局长，担任委员会的联席主席；

（2）负责刑事司法的助理总检察长，担任委员会的联席主席；

（3）负责经济和农业事务的副国务卿；

（4）美国副贸易代表，大使；

（5）海关税务司司长；

（6）负责国际贸易事务的商务部副部长；

（7）国际知识产权权利实施协调员。

（b）职责

本条（a）款设立的委员会应该协调国内和国际知识产权法律在联邦和外国经营实体中的实施。

（c）咨询版权局局长

与版权以及邻接权保护相关的版权法实施事宜，委员会必须咨询版权局局长。

（d）不得减损

本条规定，不得减损国务卿之职责，不得减损美国法规汇编第 19 编 2171 条规定的美国贸易代表之职责，不得减损美国版权局局长之职责或功能，也不得改变与版权有关的其他政府机构的权能。

(e) 报告

委员会每年向总统、拨款委员会、参议院司法委员会以及众议院报告其协调活动。

(f) 资金

不论美国法规汇编第 31 编 1346 条与该法 610 条如何规定，该法或其他法律规定的在 2000 年及其后的财政年度提供的资金，同样适用于美国知识产权法实施协调委员会的协调机构资金。

第4分章 马德里议定书

第47条（15 U.S.C. § 1141） 定义

在本分章中：

（1）基础申请

基础申请，是指在成员国商标局提出的商标注册申请，该申请构成商标国际申请的基础。

（2）基础注册

基础注册，是指在成员国商标局获得的商标注册，该注册构成商标注册的基础。

（3）成员国

成员国，是指参加马德里议定书的国家或政府间组织。

（4）记录日

记录日，是指获得国际注册后，领土延伸保护的请求在国际商标局记录的日期。

（5）在商业中使用商标的真实意图的宣告书

在商业中使用商标的真实意图的宣告书，是指由寻求在美国进行延伸保护的国际商标注册的申请人或持有人签名，并包含下述声明的宣告书——

（A）申请人或持有人具有在商业中使用商标的真实

意图；

(B) 宣告人相信，其自己或其宣告所代表的公司、协会有权在商业中使用商标；且

(C) 据宣告人所知，没有其他人、公司、协会有权在商业中于其商品上使用相同或近似的商标或做相关使用，而可能造成混淆、错误或欺骗。

(6) 延伸保护

延伸保护，是指根据马德里议定书的规定，获得商标国际注册的注册持有人申请后，商标国际注册的保护延伸至美国境内。

(7) 商标国际注册的持有人

商标国际注册的持有人，是指在国际商标局商标注册簿上记录为商标注册人的自然人或法人。

(8) 国际申请

国际申请，是指根据马德里议定书提交的商标国际注册申请。

(9) 国际局

国际局，是指世界知识产权组织国际局。

(10) 国际注册簿

国际注册簿，是指经马德里议定书或其实施规定要求并允许，国际局记录并保存的国际商标注册官方数据。

(11) 国际注册

国际注册，是指根据马德里议定书授予的商标注册。

(12) 国际注册日

国际注册日，是指国际局核发国际注册的日期。

(13)马德里议定书

马德里议定书,是指1989年6月27日于西班牙马德里通过的《商标国际注册马德里协定有关议定书》。

(14)拒绝通知

拒绝通知,是指美国专利商标局向国际局发出的不能提供延伸保护的通知。

(15)成员国商标局

成员国商标局,是指——

(A)成员国负责商标注册的机构;或

(B)国际局认可的在多个成员国中负责商标注册的共同机构。

(16)基础局

基础局,是指向其提出基础申请、授予基础注册的成员国商标局。

(17)异议期间

异议期间,是指允许在美国专利商标局提出异议的期间,包括本编1063条规定的延长期间。

第48条 (15 U.S.C. § 1141a) 基于美国申请或注册作出的国际申请

(a)一般规定

在美国专利商标局提出基础申请但程序未决的商标所有人,或美国专利商标局已经核准基础注册的商标所有人,可以向美国专利商标局提出国际申请,提交美国专利商标局局长规定格式的书面申请,并缴纳规定的费用。

（b）有权提出国际申请的商标所有人

有权提出本条（a）款规定的申请的主体，必须——

（1）是美国国民；

（2）住所在美国；或

（3）在美国具有真实有效的经营场所。

第 49 条（15 U.S.C. § 1141b） 国际申请的认证

（a）认证程序

在收到国际注册申请和规定的费用后，专利商标局局长应该审核国际申请，以确定国际申请中包含的信息符合认证时基础注册或基础申请中包含的信息。

（b）移送

审核并认证国际申请后，专利商标局局长应该将国际申请移送国际局。

第 50 条（15 U.S.C. § 1141c） 基础申请或基础注册的限制、放弃、撤销或失效

根据本编1141b条的规定，向国际局移送国际申请的，如果作为国际申请基础的基础申请或基础注册，在国际申请中所列明的部分或全部商品或服务上，受到限制、被放弃、被撤销或失效的，专利商标局局长应该按照下述要求通知国际局——

（1）在国际注册之日起 5 年内；或

（2）如果导致限制、放弃、撤销基础申请或基础注册的行为发生在 5 年期间结束前的，则是国际注册日后长于 5 年的时间。

第 51 条（15 U.S.C. § 1141d） 国际注册后请求延伸保护

基于在美国商标专利局提出的基础申请或基础注册获得国际注册的注册持有人，可以下述方式提出请求，要求对其国际注册进行延伸保护——

（1）直接向国际局提出；或

（2）向美国专利商标局提出移送国际局，请求必须依照专利商标局局长规定的格式并缴纳移送费。

第 52 条（15 U.S.C. § 1141e） 根据马德里议定书国际注册商标保护延伸到美国

（a）一般规定

在符合本编 1141h 条规定的情况下，在有效实施马德里议定书规定的限度内，国际注册的持有人有权获得国际注册商标延伸到美国保护的利益。

（b）如果美国为基础局

如果美国专利商标局为商标注册或申请的基础局，则基于这些注册或申请获得的国际注册，不能在美国主张马德里议定书的利益。

第 53 条 (15 U.S.C. § 1141f) 请求向美国延伸保护的效力

(a) 对延伸保护请求的要求

如果国际局在收到延伸保护请求时，国际商标注册的申请人或注册持有人加附了宣誓陈述书，宣告其于商业中使用商标的真实意图的，国际局向美国专利商标局移送的国际注册商标延伸保护请求，视为已经在美国正当提交。

(b) 正当提交的效力

除非根据本编 1114h 条的规定作出拒绝延伸保护的决定，否则根据本条（a）款规定提交的延伸保护请求构成商标的推定使用，并在下述时间中的最早日期，同样产生本编 1057 条（c）规定的权利：

（1）如果延伸保护请求是在国际申请中提交的，则是国际注册日；

（2）如果延伸保护请求是在国际注册后作出的，则是延伸保护请求的记录日；

（3）根据本编 1141g 条的规定，主张优先权之日。

第 54 条 (15 U.S.C. § 1141g) 美国延伸保护请求的优先权

国际商标注册的持有人，提出延伸到美国保护的请求的,可以基于《保护工业产权巴黎公约》第4条规定的优先权,主张优先日,但应该满足下述条件——

(1) 延伸保护请求中包含优先权声明;且

(2) 国际注册日或请求在美国延伸保护的请求记录日,不迟于其所属国首次正常申请之日(根据《保护工业产权巴黎公约》第4条(A)款(3)的规定判断)或后续申请之日(根据《保护工业产权巴黎公约》第4条(C)款(4)的规定判断)起的6个月。

第55条 (15 U.S.C. § 1141h) 延伸保护请求的审查与异议;拒绝通知

(a) 审查与异议

(1) 对本编1141f条(a)款规定的延伸保护请求所做的审查,应该与对本章规定的于主注册簿上注册的商标申请的审查相同。如果审查后认为申请人有权获得本分章的延伸保护的,专利商标局局长应该将商标在专利商标局公报上公告。

(2) 在符合本条(c)款规定的情况下,本分章规定的延伸保护请求同样接受本编1063条规定的异议。

(3) 不能基于商标尚未于商业中使用而拒绝延伸保护请求。

(4) 不能在主注册簿上获得注册的商标不能获得延伸保护。

(b) 拒绝通知

如果根据本条(a)款的规定拒绝给予延伸保护时,

专利商标局局长应该在拒绝通知（由本条（c）款规定）中宣告不能给予其延伸保护，并陈明理由。

（c）通知国际局

（1）在国际局向美国专利商标局发出移送延伸保护申请的通知之日起18个月内，专利商标局局长应该向国际局移送有关延伸保护请求的下述文件：

（A）基于延伸保护申请的审查作出的拒绝通知；

（B）基于针对延伸保护请求提出的异议作出的拒绝通知；

（C）在18个月期间结束后有人可能针对延伸保护请求提出异议的通知。

（2）专利商标局局长通知国际局有人可能针对延伸保护请求提出第（1）项（C）目规定的异议的，在异议期开始后的7个月或异议期结束后的1个月内，以先结束的期限为准，专利商标局局长应该在可行的范围内向国际局移送基于异议拒绝延伸保护申请的通知，同时陈明异议理由。

（3）如果拒绝延伸保护请求的通知根据第（1）项或第（2）项的规定送交国际局，专利商标局局长在第（1）项或第（2）项设定的期间内，不得再向国际局提交通知记述的拒绝事由之外的拒绝事由。

（4）如果第（1）项或第（2）项规定的通知没有在各该项规定的期间内移送国际局，专利商标局局长不能拒绝延伸保护请求，并应根据请求发出延伸保护证书。

(d) 指定接受送达的代理人

对于拒绝延伸保护的通知，商标国际注册持有人，可以向专利商标局提交文件，指定商标程序决定或通知应该送达的美国居民的姓名和地址。程序决定或通知可以直接向指定的人当面送达，也可以以向最后指定文件中记载的被指定人的地址邮寄程序决定或通知副本的方式送达。如果找不到最后一次提交的指定文件中被指定的人，或者申请人没有向专利商标局提交文件指定商标程序决定或通知应该送达的美国居民的姓名和地址的，程序决定或通知应该送达给专利商标局局长。

第 56 条 (15 U.S.C. § 1141i)　延伸保护的效力

(a) 核发延伸保护证书

除非根据本编 1141h 条的规定拒绝延伸保护申请，否则专利商标局局长应该根据延伸保护请求核发延伸保护证书，并在美国专利商标局公报上进行公告。

(b) 延伸保护的效力

自本条（a）款规定的延伸保护证书核发之日起——

(1) 延伸保护具有和主注册簿注册同样的效力和有效性；且

(2) 国际注册的注册持有人享有主注册簿注册人同样的权利，可以获得同样的救济。

第 57 条（15 U.S.C. § 1141j） 美国延伸保护附属于国际注册

（a）国际注册撤销的后果

如果国际局通知美国专利商标局国际注册在部分或全部商品或服务上撤销的，专利商标局局长应该撤销自国际商标注册撤销之日起于相关商品或服务上对商标进行美国延伸保护。

（b）国际注册未续展的后果

国际局没有续展国际注册的，相应的美国延伸保护自国际注册失效之日起停止。

（c）延伸保护转化为美国申请

按照马德里议定书第 6 条第（4）款的规定，根据基础局的要求，国际局部分或全部撤销了国际注册持有人的国际注册的，国际注册持有人可以根据本编 1051 条或 1126 条的规定，基于国际注册，就同样的商标，在撤销所适用的美国延伸保护的商品或服务之上，在美国申请注册商标。该申请视为在国际注册日或在国际局提出延伸保护请求的记录日中的两者中的任何一个日期提出申请，如果延伸保护享有本编 1142g 条规定的优先权的，该申请同样享有优先权。只有在国际局全部或部分撤销国际注册之日起的 3 个月内提出申请，且申请符合本章要求的本编 1051 条和 1126 条的规定时，该申请才有权主张本款赋予的利益。

第58条 (15 U.S.C. § 1141k) 保护期、宣誓书和费用

(a) 要求提交宣誓书的期间

根据本编1141i条的规定核发延伸保护证书的保护，应该与其国际保护的保护期相同，除非专利商标局局长撤销了商标延伸保护，但国际注册持有人应该在下述期间向美国专利商标局提交符合（b）款要求的宣誓书：

(1) 从延伸保护证书核发之日起满6年之前的1年期间内；

(2) 从延伸保护证书核发之日起满10年之前的1年期间内，且在接下来核发延伸保护之日起的每个10年期间届满前的1年期间内；

(3) 注册持有人可以在本款第（1）项和第（2）项规定期间届满后的6个月宽展期内提交本款规定的宣誓书，并缴纳（b）款规定的费用以及专利商标局局长规定的宽展期附加费用。

(b) 宣誓书的要求

(a) 款中的宣誓书应——

(1)（A）指明标记于商业中使用；

(B) 确定在延伸保护中记明的商业使用标记的商品或服务；

(C) 一并提交专利商标局局长规定数量的商业中使用的标记的样本或副本；以及

(D) 一并缴纳专利商标局局长规定的费用。或

(2)（A）确定在延伸保护中记明的商业中没有使用标记的商品或服务；

(B) 包含一份证明，表明不使用是基于有正当理由的特殊情况，而不是意图放弃商标；以及

(C) 一并缴纳专利商标局局长规定的费用。

(c) 有缺陷的宣誓书

如果在规定期间内提交的（a）款规定的宣誓书有缺陷，包括宣誓书没有以注册持有人的名义提出，申请人可以在法定期间结束后、补正通知规定的期间内作出修正。补正需要缴纳专利商标局局长规定的额外需要缴纳的补正费用。

(d) 要求的通知

关于宣誓书的要求应该附在每一延伸保护证书中。

(e) 接受或驳回宣誓书的通知

专利商标局局长，应该通知提交本条规定的宣誓书的国际注册持有人，是否接受或驳回其宣誓书，如果驳回宣誓书，还需要通知其原因。

(f) 指定接受送达的居民

如果国际商标注册持有人在美国没有住所，其可以向专利商标局提交文件，指定商标程序决定或通知应该送达的美国居民的姓名和地址。决定或通知可以直接向指定的人当面送达，也可以以向最后指定文件中记载的被指定人的地址邮寄决定或通知副本的方式送达。如果找不到最后一次提交的指定文件中被指定的人，或者持有人没有向专利商标局提交文件指定决定或通知应该送达的美国居民的姓名和地址的，决定或通知应该送达给专利商标局局长。

第 59 条 （15 U.S.C. § 1141l） 延伸保护的转让

延伸保护可以和商标有关的商誉一起转让，但受让者只能是成员国或作为成员的政府间国际组织的成员国家的国民，或在这些国家有住所的主体，或在这些国家有真实有效经营场所的主体。

第 60 条 （15 U.S.C. § 1141m） 不可争议性

根据本分章规定核发延伸保护的标记在本编 1065 条规定中的连续使用期间的起算，不早于本编 1141i 条规定的专利商标局局长核发延伸保护证书的日期，除非本编 1141n 条另有规定。

第 61 条 （15 U.S.C. § 1141n） 延伸保护的权利

当美国商标注册与嗣后核发的于美国延伸保护证书的注册人属于同一主体，使用同一商标，用于同样的商品或服务，则延伸保护应该具有与延伸保护证书核发前给与注册商标的所有权利。